岩波現代文庫／学術 374

〈仏典をよむ〉2

真理のことば

中村 元

前田專學［監修］

JN165768

岩波書店

はじめに――本シリーズの成り立ち

本シリーズは、中村元《はじめ》先生が、一九八五年四月から九月まで、ＮＨＫラジオ第二放送で行なわれた全二六回にわたる連続講義、「こころをよむ／仏典」を活字化したものです。

多数の仏典のうちでももっとも古い経典《きょうてん》とされている『スッタニパータ』から、代表的な大乗仏典である『般若心経《はんにゃしんぎょう》』『法華経《ほけきょう》』『浄土三部経《じょうどさんぶきょう》』、さらに密教経典『理趣《りしゅ》経《きょう》』にいたるまで、これほど広く、またわかりやすい仏典の解説はほかに例がありません。とくに中村先生みずからラジオで放送され、耳で聴いてそのままわかるように、懇切丁寧に説明されたものだけに、一般読者にとって、格好の仏典入門といえるでしょう。

この連続講義は、ほぼ経典の成立順になっています。そのため第一・第二巻では、それぞれ『ブッダの生涯』『真理のことば』と題し、いわゆる原始仏典を扱います。

第三・第四巻では『大乗の教え(上)――般若心経・法華経ほか』『大乗の教え(下)――浄土三部経・華厳経ほか』と題し、「大乗仏典」をとりあげています。

中村先生は、一九九九年一〇月一〇日、八六歳の生涯を閉じられて、いまやその肉声を直接お聞きすることはできません。しかし本シリーズは先生の肉声の録音テープから稿を起こしていますので、読んでいる中にさながら先生から直接講義をお聴きしているような錯覚にとらわれます。読者がこれにより、仏典の興趣つきない魅力と奥深さに触れ、この混沌とした二一世紀を生きぬくための何らかの指針を見いだしていただけるならば、望外の幸いです。

二〇〇一年一月

前田専學

凡　例

一、講義を翻刻するにあたって、以下の方針をとった。

a　講義では仏典の該当箇所を記した「テキスト」の存在を前提にしており、しばしば「テキスト」を参照すべきことを指示している。仏典の参照指示部分を補った。

b　ラジオ放送では、仏典のさわりを「読誦」するコーナーがあったが、これは活字化になじまないので省いた。

c　ラジオ放送は耳で聴いて理解することをめざしているため、ときにくり返しが多くなったり、あるいは説明が前後したりするところがある。適宜整理した。

一、読者の便宜のため、監修者の判断により、（ ）内に小字で説明を加えた。

一、引用文中、〔 〕は補い、（ ）は注・説明である。

目　次

写真提供＝丸山　勇

〈仏典をよむ〉第一・三・四巻目次

ガンダーラ
カシュミール
ヒマーラヤ山脈
シュラーヴァスティー
(サーヴァッティー)
〈舎衛城〉
カピラヴァットゥ
〈カピラ城〉
インダス河
マトゥラー
ルンビニー
クシナガラ(クシナーラー)
ヴァイシャーリー
(ヴェーサーリー)
サールナート
〈鹿野苑〉
ヴァーラーナシー
(ベナーレス)
ガンジス河
(ガンガー河)
ボードガヤー
(ブッダガヤー)
サーンチー
ウルヴェーラー
アジャンター
ギッジャクータ
〈霊鷲山(鷲の峰)〉
ラージャガハ
〈王舎城〉
スリランカ
0
300 km

第6回

真理のことば
──『ダンマパダ』(『法句経』)

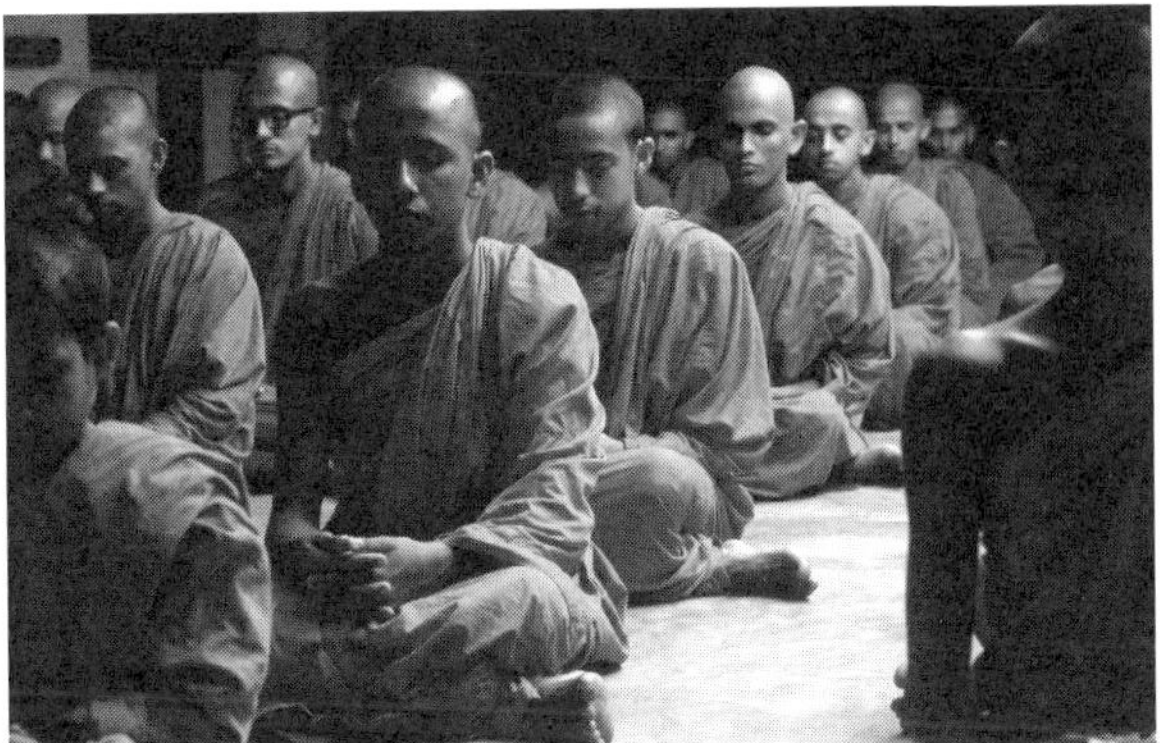

座禅・瞑想する修行僧たち　マハラガマ比丘トレーニングセンター.

『ダンマパダ』(*Dhammapada*)は、パーリ語で書かれた仏典のなかでは、おそらくもっとも有名なもの。「真理のことば」を意味し、漢訳の『法《ほっ》句経《くぎょう》』に相当する。

なお、『ブッダの真理のことば　感興《かんきょう》のことば』(中村元訳、岩波文庫)に全文が収録されている。

『ダンマパダ』は、人生の指針ともいうべき句を集めた書物で、原始仏教聖典のうちでも、とくに有名です。パーリ語で、ダンマとは「人間の真理」「人間の生きる道筋」、パダは「ことば」という意味です。それで、漢訳ではダンマは「法」、パダは「句」と訳されます。「経」という字にあたることばは原題にはないのですが、むかしから経典として扱われていますので、漢訳では『法句経《ほっくぎょう》』となりました。

この聖典はとくに南アジアの諸国で尊ばれてきましたが、いまでは世界諸国の言語に翻訳されています。外国のことばに翻訳された回数もまた、もっとも多い聖典といえます。日本では、明治維新以前にはほとんど読まれることのなかった経典ですが、大正年間に翻訳がいくつか著《あらわ》され、昭和になってからもさかんに読まれるようになりました。

全体は二六章よりなり、四二三の詩から構成されています。その詩句は人間そのものへの鋭い洞察に満ち、一つ一つがわれわれの心の琴線《きんせん》に響いてきます。

ものごとは心にもとづく

第一章冒頭の六つの詩をまず、ご紹介しましょう。

第一章の題名は、日本語では「ひと組みずつ」となりますが、これはつまり、対《つい》になっている二つの詩でひとつの事柄を説いているからなのです。漢訳『法句経』では、「雙要品《そうようぼん》」と訳されています。

ものごとは心にもとづき、心を主とし、心によってつくり出される。もしも汚《けが》れた心で話したり行なったりするならば、苦しみはその人につき従う。——車をひく〔牛の〕足跡《あしあと》に車輪がついて行くように。 〔一〕

そして、同じように申します。

ものごとは心にもとづき、心を主とし、心によってつくり出される。もしも清ら

かな心で話したり行なったりするならば、福楽《ふくらく》はその人につき従う。――影がそのからだから離れないように。〔二〕

つまり、物理的に、あるいは外形的に見れば同じような行為でも、それを行なった人の心が清らかであるか、それとも汚れたものであったかということによって、その意義がまるきりちがってくる、それは、影がいつでも人のあとについて行くようなものだというのです。たとえば、人になにかを諭《さと》すというとき、諭すということは同じでも、相手に対する怒りの気持ちで言うのと、相手のためを思って言うのとでは、おのずから意義がちがってきます。そういうことを反省せよというのですね。

「かれは、われを罵《ののし》った。かれは、われを害《がい》した。かれは、われにうち勝った。かれは、われから強奪《ごうだつ》した」という思いをいだく人には、怨《うら》みはついに息《や》むことがない。〔三〕

「あいつはこういうことをしやがったな、けしからん」と、こう思っているあいだは心にわだかまりがある。それは相手の人に伝わります。そうすると、こんどは向こうからまた仕返しをしようとする。結局、怨みのやむことがない。

ところが――

「かれは、われを罵った。かれは、われを害した。かれは、われにうち勝った。かれは、われから強奪した」という思いをいだかない人には、ついに怨みが息む。〔四〕

「相手がけしからんことをした」というのを気にかけているあいだは、こっちにもわだかまりがあるけれども、こちらがもうそれを忘れてしまえば、おのずからわだかまりは消えてしまう。

実にこの世においては、怨みに報《むく》いるに怨みをもってしたならば、ついに怨みの息むことがない。怨みをすててこそ息む。これは永遠の真理である。〔五〕

ここで思い出しますのは、第二次世界大戦のあと、一九五一年にサンフランシスコで講和条約が結ばれたときのことです。スリランカは、この講和条約には参加しましたが、わが国に対して賠償《ばいしょう》を要求することをしませんでした。なぜか。スリランカの指導者たちはそのとき、仏典のこの文句を引いて、「戦いは終わったのだ。もはや〈怨みに報いるに怨みをもってする〉ということをやめよう」と言ったのです。つまり、この教えは今日にいたるまで、南アジアの人々の心に温かい気持ちを起こさせているといえましょう。

「われらはこの世において死ぬはずのものである」と覚悟《かくご》をしよう。このことわりを他の人々は知っていない。しかし、人々がこのことわりを知れば、争いはしずまる。〔六〕

世の中に争いは絶えません。文明がいくら進歩しても、やはり、争いというものは依然として起こっています。これは昔とあまりちがいがない。けれども、ここで考えてみましょう。「ああ、あの人もやがては死ぬものなんだ、わたしも死ぬものなんだ」、そう思えば、人々はおのずから、「この生きているかぎり、命を恵《めぐ》まれているかぎり、楽しく仲良く暮らそうではないか」という気持ちになるはずなのです。

「この世の命が限られているものである」と自覚することが、命をありがたく楽しいものとして送っていく、そのよすがになります。その教えがここに述べられているのです。そして、そういう気持ちを実際の生活に具現すること、体現すること、それが仏教の実践なのです。

この第一章は、二〇の詩からなっていて、つまり、一〇の対になる事柄が述べられていますが、章の最後はつぎのような詩句です。

たとえ、ためになることを数多く語るにしても、それを実行しないならば、その人は怠《おこた》っているのである。——牛飼いが他人の牛を数えているように。彼は修行者の部類には入らない。

たとえ、ためになることを少ししか語らないにしても、理法《りほう》にしたがって実践し、情欲と怒りと迷妄《めいもう》を捨てて、正しく気をつけていて、心が解脱《げだつ》して、執著《しゅうじゃく》することの無い人は、修行者の部類に入る。〔一九〜二〇〕

つとめはげむこと

仏教の実践について、『ダンマパダ』の第二章では、「つとめはげむ」ということばで教えております。実践につとめ、はげみなさいということの章は、南アジアではとくに重んぜられています（第二章「はげみ」）。

つとめはげむのは不死の境地である。怠りなまけるのは死の境涯である。つとめはげむ人々は死ぬことが無い。怠りなまける人々は、死者のごとくである。

このことをはっきりと知って、つとめはげみを能《よ》く知る人々は、つとめはげみを喜び、聖者たちの境地を楽しむ。

〔道に〕思いをこらし、堪《た》え忍ぶことつよく、つねに健《たけ》く奮励《ふんれい》する、思慮ある人々は、安らぎに達する。これは無上の幸せである。

心は奮《ふる》い立ち、思いつつましく、行ないは清く、気をつけて行動し、みずから制し、法《のり》にしたがって生き、つとめはげむ人は、名声が高まる。

思慮ある人は、奮い立ち、つとめはげみ、自制・克己《こっき》によって、激流もおし流すことのできない島をつくれ。

智慧《ちえ》乏しき愚かな人々は放逸《ほういつ》にふける。しかし心ある人は、最上の財宝《たから》をまもるように、つとめはげむのをまもる。

放逸にふけるな。愛欲《あいよく》と歓楽《かんらく》に親しむな。怠ることなく思念をこらす者は、大いなる楽しみを得る。

賢者が精励《せいれい》修行によって怠惰《たいだ》をしりぞけるときには、智慧の高閣《たかどの》に登り、みずからは憂《うれ》いなくして〔他の〕憂いある愚人たちを見下ろす。——山上にいる人が地上の人々を見下ろすように。

怠りなまけている人々のなかで、ひとりつとめはげみ、眠っている人々のなかで、ひとりよく目醒《めざ》めている思慮ある人は、疾《はや》くはしる馬が、足のろの馬を抜いてかけるようなものである。

マガヴァー(インドラ神＝帝釈天《たいしゃくてん》)は、つとめはげんだので、神々のなかで最高の者となった。つとめはげむことを人々はほめたたえる。放逸なることはつねに非難される。

いそしむことを楽しみ、放逸におそれをいだく修行僧は、微細《びさい》なものでも粗大なものでも、すべて心のわずらいを、焼きつくしながら歩む。――燃える火のように。

いそしむことを楽しみ、放逸におそれをいだく修行僧は、堕落するはずはなく、すでにニルヴァーナの近くにいる。〔三一～三二〕

以上が、第二章の全文です。ここから、最初のいくつかの詩句だけ、とりあげてみましょう。

「つとめはげむのは不死の境地である。怠りなまけるのは死の境涯である。つとめはげむ人々は死ぬことが無い。怠りなまける人々は、死者のごとくである」。われわれはこうして息をして、生命があるということを感じていますが、けれど、ほんとうの意味で生きているかどうか、いつも生きていると言えるかどうか。この世にわれわれが生きている期間は限られております。しかし、自分が自分のなすべきことを自覚して、つとめはげんでいる。そこには尊い使命が実現されているわけです。それは不死の境地であると言うのですね。死なないものをそこに体現しているのです。なにか自分がよいことをする、つとめを果たす。それはそこだけで消えてしまうものではなくて、他の人々に何らかのかたちで働きを及ぼすのです。ところが、これに反して、自分が怠けているというのは、ただごはんをいただいて身体をつないでいるというだけで、その間、呼吸は続けているのですが、高い境地からみると、死んでいるのと同じことです。

人々が自覚し、自分のなすべきことはこれであるときめて、その理想に向かって進んでいくとき、その人は生きている。さとりというのも、そのつとめはげむ道筋のなかに求められるわけです。後代の日本の仏教では、「修証一如《しゅしょういちにょ》」というようなことを申します。これは、「修行することと、さとりとは、一体である」ということです。つまり、さとりとは、遠い彼方《かなた》にあるのではない。いまここで自分のなすべきことを行なう、それがさとりの境地であり、それが不死の境地である。漢訳仏典では、「不死の境地」を「甘露《かんろ》の道《みち》」と訳します。甘露とは、原語ではアムリタ(amṛta)といい、不死あるいは天酒《てんしゅ》という意味で、仏教以前のヴェーダ時代から神酒ソーマを指した言葉です。これを飲めば不死が得られるとされましたが、後になると比喩的に不死涅槃《ねはん》の境地を指すようになりました。

つぎに、「〔道に〕思いをこらし、堪え忍ぶことつよく、つねに健く奮励する、思慮ある人々は、安らぎに達する」。この場合の「安らぎ」とはニルヴァーナ＝「涅槃」のことです。つまり、そこでは人間の煩悩《ぼんのう》や穢《けが》れがすべて消滅している、という理想の境地です。それは現実にはありえないじゃないか、といわれるかもしれませんが、それを目ざしてつとめている。そこに最高の境地があるのです。だから「これは無上の幸せである」といわれています。

そして、「思慮ある人は、奮い立ち、つとめはげみ、自制・克己によって、激流もおし流すことのできない島をつくれ」。自分を制し、自分にうちかって、つとめはげむ——それは確固たる境地です。だから、激流も押し流すことができない、「島」にたとえられる。「島」はあるいは「州《す》」とも訳されますが、これは、人生において頼りとなるところのものをいうのです。

次の第三章では、これをうけて、「心」というものについて述べています。

ここにもじつに鋭い反省がみられますので、少しふれましょう（第三章「心」）。

心は、捉《とら》え難く、軽々《かろがろ》とざわめき、欲するがままにおもむく。その心をおさめることは善いことである。心をおさめたならば、安楽《あんらく》をもたらす。
心は、極《きわ》めて見難く、極めて微妙であり、欲するがままにおもむく。英知ある人は心を守れかし。心を守ったならば、安楽をもたらす。〔三五〜三六〕

「心は、捉え難く、軽々とざわめき、欲するがままにおもむく」。そのとおりですね。「意馬心猿《いばしんえん》」と申します。奔走《ほんそう》する馬や騒ぎ立てる猿のように、心というものは、どこへでもピョイピョイと飛んで行って、とりとめがない。「心は、極めて見難く、極めて微妙であり、欲するがままにおもむく」。これもそのとおり。物質的な対象ならばわれわれは見ることができますが、心を見ることはできない。わずかにその働きを通じて、反省することができるわけです。

つまり、心というものは、外からの刺激に応じてあっちへ誘惑され、こっちへ迷いというぐあいのものです。だから、「その心をおさめることは善いことである」「英知ある人は心を守れかし」。引きずり回されないように、心を守りなさい、ほんとうの意味の智慧のある人は心を守りなさい、それによって、ほんとうの意味の安楽が実現されるというのです。

花にちなんだ詩句

『ダンマパダ』は、いろいろなテーマで詩句がまとめられており、第四章は花にちなんだ詩句の集成です。その若干を味わってみましょう（第四章「花にちなんで」）。

学びにつとめる人こそ、この大地を征服し、閻魔《えんま》の世界と神々とともなるこの世界とを征服するであろう。わざに巧《たく》みな人が花を摘《つ》むように、学びにつとめる人々こそ善く説かれた真理のことばを摘み集めるであろう。〔四五〕

死後の審判者が閻魔さまです。『リグ・ヴェーダ』の宗教においては、死後の世界の王さまをヤマといいました。それが仏教にとり入れられて、死後の世界の審判者となる。それを、「閻魔」という漢字で写したのです。

死後の審判者だから、非常に怖いわけですね。日本で拝《おが》まれている怖ろしい閻魔さまの姿は、インドから伝えられたイメージのほかに、中国の道教《どうきょう》でいろいろと考え出された姿などが混じっております。ともかく偉い神さま、怖い神さまです。

けれども、ほんとうに学びにつとめている人は「この大地を征服」し、「閻魔の世界と神々とともなるこの世界とを征服」する。ここでいう「征服」は、武器を持って殺戮《さつりく》によって人々を従えるということではありません。人間の道を追求し、自己にうちかって実践する人、それがほんとうの意味の勝利者であるということなのです。

そして、「わざに巧みな人が花を摘むように、学びにつとめる人々こそ善く説かれた真理のことばを摘み集めるであろう」。ことばをただ漠然と聞いているというだけでは、その人にとってなんの意味もありません。ほんとうによく説かれた真理のことばを摘むように集めて聞くがよいというのです。

この身は泡沫《うたかた》のごとくであると知り、かげろうのようなはかない本性《ほんしょう》のものであると、さとったならば、悪魔の花の矢を断ち切って、死王《しおう》に見られないところへ行くであろう。〔四六〕

17

仏塔に花を捧げ祈る少女　ケラニヤ寺院，コロンボ．

だれでも生きているあいだは、この身は堅固《けんご》なものであると思って、あてにしているわけです。しかし、じつははかないもので、つい前の月まで元気だった人がもうこの月には会えなくなる、ということがよくあります。だから、うたかたのごとく、かげろうのようなものである。

そうさとったならば、悪魔の誘惑の「花の矢」を断ち切って、そして「死王」に見られないところへ行く。「花の矢」とは、三界《さんがい》の生存のことで、「死王」とは悪魔のこと。悪魔というのは、もとのことばでマーラといって、「殺すもの」という意味です。「死王に見られないところへ行く」とは、つまり、ニルヴァーナ、涅槃のことですね。

うず高い花を集めて多くの華鬘《はなかざり》をつくるように、人として生まれまた死ぬべきであるならば、多くの善いことをなせ。〔五三〕

華鬘、花輪《はなわ》を愛好すること、これはどの民族にも見られますが、インド人はとくに花を愛するようです。しかも南国ですから、いろいろな花がありまして、そしてその花の色が非常に強烈です。色彩が鮮明なのです。わが国で仏さまに捧げるお花というと、だいたい、種類がきまっております。ところが、南国インドでは鮮やかな、どうかすると、どぎついとさえ思われるような色のお花を摘みまして、それで仏さまや神さまに供える。あるいは花輪をつくって捧げたりいたします。花を髪にかざすのも、日本では若いお嬢さんあたりが昔からやっていますが、インドでは年配のおばあさんでもふつうのことで、花飾りをさして街を歩いていたりします。

そういう習俗を心にとめますと、この「うず高い花を集めて多くの華鬘をつくるように」という譬《たと》えが、じつにピンとくるのです。そのように、「多くの善いことをなせ」。それは生きているあいだでなければできないのだから、生きているあいだにしなさいというのです。

そして――

タガラ、栴檀《せんだん》の香りは微《かす》かであって、大したことはない。しかし徳行《とくぎょう》ある人々の香りは最上であって、天の神々にもとどく。〔五六〕

「タガラ」(tagara)は香《こう》の名前です。ただ、日本にはないインド独特のもので、中国にもない。だから、音を写すだけで、漢訳では「多伽羅《たがら》」と書きます。「伽羅《きゃら》」といわれるのも、同じものです。それから「栴檀」、これはじつにいい香りがします。しかし、そのようないい香りであっても、高い立場から見れば大したことはない。「徳行ある人々の香り」が最上であって、これこそが「天の神々にもとどく」。「徳行の香り」がもっとも尊く、清々《すがすが》しいものであるというのです。

愚かな者と真理を喜ぶ人

続く章には、愚かな者に関する詩が集められています（第五章「愚かな人」）。しかし、よく考えてみると、「愚かでない」とはっきり言える人がはたしているかどうか——

眠れない人には夜は長く、疲れた人には一里の道は遠い。正しい真理を知らない愚かな者どもには、生死《しょうじ》の道のりは長い。〔六〇〕

たしかに、眠れないときには夜が長く、疲れたときにはちょっとの道のりでも辛いものです。しかし、正しい真理を知らない愚かな者どもには、生まれ、死ぬということの迷いの生存の道のりはもっと長いというのです。

愚かな者は生涯賢者につかえても、真理を知ることが無い。匙《さじ》が汁の味を知ることができないように。〔六四〕

「匙が汁の味を知ることができないように」とは、うまいことをいいますね。そのように、「ずっと立派な人のそばにいても、愚か者はそのほんとうの味わいを知ることはできない」というのです。

悪事をしても、その業《ごう》(カルマ)は、しぼり立ての牛乳のように、すぐに固まることはない。〔徐々《じょじょ》に固まって熟する。〕その業は、灰に覆《おお》われた火のように、〔徐々に〕燃えて悩ましながら、愚者につきまとう。〔七一〕

悪事の結果は徐々に固まって熟していくものだ、というのです。まあ、この程度のことなら、やってもかまわんだろうと思って、しばらくはそれで通っているわけです。けれども、だんだん、だんだん、悪というものが習性になって、固まってくる。そしてそうなってしまうと、「灰に覆われた火のように」、いつまでも消え失せることなく、燃えつづけて、つきまとうのだという。たしかにそうですね。最初から悪いことをする人は少ないので、やはり悪いことをだんだん積み重ねていくと、「これは大丈夫だ、大丈夫だ」と思っていて、とうとう、はまってしまうという場合が多いのではないでしょうか。

これに対して、次の章では、真理を喜ぶ人について(第六章「賢い人」)。

真理を喜ぶ人は、心きよらかに澄んで、安らかに臥《ふ》す。聖者の説きたもうた真理を、賢者はつねに楽しむ。〔七九〕

「賢者」というのは、「人生の真理を体得し、見通した人」という意味です。「賢く立ち回る人」という意味ではないことは、もちろんです。

水道をつくる人は水をみちびき、矢をつくる人は矢を矯《た》め、大工は木材を矯め、賢者は自己をととのえる。〔八〇〕

「水道をつくる人」は水路・運河をつくる人たちのことです。実際、インドには灌《かん》漑《がい》用の水道、つまり水路・運河があちこちにつくられていて、そのなかには地下水道もあります。「矢をつくる人」、これも昔の叙事詩などに、矢のことはよく出てきています。「大工」、これはもちろん木材に手を加えて建物を建てたりするわけです。それと同じように、ほんとうの意味の「賢者」は自己をととのえるのだという。

たとえば——

一つの岩の塊《かたま》りが風に揺るがないように、賢者は非難と賞讃とに動じない。〔八一〕

世の中でことをなせば、必ずいろいろな批評が起きます。しかし、非難されようが、賞讃されようが、自分が確信をもって行なっているのならば、動じない。

深い湖が、澄んで、清らかであるように、賢者は真理を聞いて、こころ清らかである。〔八二〕

インドでは荒れ地がずっと続いているところが多いのですが、その奥でふっと、オアシスの、じつに清らかな水を湛《たた》えた湖に出合うことがあります。賢者はそのように、こころ清らかであるという。

人々は多いが、彼岸《かなたのきし》に達する人々は少ない。他の〔多くの〕人々はこなたの岸の上でさまよっている。

真理が正しく説かれたときに、真理にしたがう人々は、渡りがたい死の領域を超えて、彼岸に至るであろう。〔八五〜八六〕

「彼岸」とは理想の境地のことです。「死の領域」というのは、煩悩の悪魔の支配する領域のことをいうのです。「死」というのも「悪魔」というのも、しばしば同じ意味に使われます。

善と悪について

さて、当時の修行者は一所不住《いっしょふじゅう》でした。一カ所に留まらない。留まると、そこに執著《しゅうじゃく》が起きますから、遍歴の生活を送るのです（第七章「真人」）。

すでに〔人生の〕旅路を終え、憂いをはなれ、あらゆることがらにくつろいで、あらゆる束縛の絆《きずな》をのがれた人には、悩みは存在しない。

こころをとどめている人々はつとめはげむ。かれらは住居を楽しまない。白鳥《はくちょう》が池を立ち去るように、かれらはあの家、この家を捨てる。〔九〇〜九一〕

四《し》方《ほう》をもってわが家とする。奈良に唐招提寺《とうしょうだいじ》というお寺がありますが、あの「招提」とは「四方の人」という意味です。ほんとうの修行者は、狭い区域のちがいなどにとらわれないで、大地をもってわが家とする。どこへでも、縁《えん》のあるのに従っておもむいて行く、というのです。

御者《ぎょしゃ》が馬をよく馴らしたように、おのが感官《かんかん》を鎮《しず》め、高ぶりをすて、汚《けが》れのなくなった人——このような境地にある人を神々でさえも羨《うらや》む。〔九四〕

「神々でさえも羨む」、そういう境地に達したいものですね。

大地のように逆らうことなく、門のしまりのように慎み深く、〔深い〕湖は汚れた泥がないように——そのような境地にある人には、もはや生死の世は絶たれている。

正しい智慧によって解脱《げだつ》して、やすらいに帰した人——そのような人の心は静かである。ことばも静かである。行ないも静かである。〔九五〜九六〕

南アジアのお坊さんに会って話をしますと、ほんとうに、「心は静かである。ことばも静かである。行ないも静かである」という心境をじかに感じます。

何ものかを信ずることなく、作られざるもの(=ニルヴァーナ)を知り、生死の絆を断ち、〔善悪をなすに〕よしなく、欲求を捨て去った人、――かれこそ実に最上の人である。〔九七〕

「何ものかを信ずることなく」というのは、既成のいろいろな宗教や哲学の偏見をいうのです。それを信じないで、ほんとうの人間の生き方を求めるということです。「作られざるもの」とはニルヴァーナ、涅槃のことです。

それから、つぎのようなことばがあります(第八章「千という数にちなんで」)。

無益《むえき》な語句を千たび語るよりも、聞いて心の鎮《しず》まる有益《ゆうえき》な語句を一つ聞くほうがすぐれている。〔一〇〇〕

なるほど。ただ、ことばをたくさん聞いたからといって、心が楽しくなるわけじゃありませんね。聞いて心の鎮まる有益な語句を一つ聞くほうがすぐれている。

素行《そこう》が悪く、心が乱れていて百年生きるよりは、徳行あり思い静かな人が一日生きるほうがすぐれている。〔一一〇〕

不死の境地を見ないで百年生きるよりも、不死の境地を見て一日生きることのほうがすぐれている。〔一一四〕

この二つの詩句は同じ趣意です。前にもふれましたが、漢訳の『法句経』では、この「不死の境地」を「甘露の道」と訳します。

そして、「善」と「悪」について述べます(第九章「悪」)。

善をなすのを急げ。悪から心を退《しりぞ》けよ。善をなすのにのろのろしたら、心は悪事をたのしむ。

人がもし悪いことをしたならば、それを繰り返すな。悪事を心がけるな。悪がつみ重なるのは苦しみである。

人がもし善いことをしたならば、それを繰り返せ。善いことを心がけよ。善がつみ重なるのは楽しみである。

まだ悪の報いが熟しないあいだは、悪人でも幸運に遇《あ》うことがある。しかし悪の報いが熟したときには、悪人はわざわいに遇う。

まだ善の報いが熟しないあいだは、善人でもわざわいに遇うことがある。しかし善の果報《かほう》が熟したときには、善人は幸福《さいわい》に遇う。〔一一六〜一二〇〕

「善の果報が熟したとき」に究極の意味で幸いを得る、というのです。

大空の中にいても、大海の中にいても、山の中の奥深いところに入っても、およそ世界のどこにいても、悪業《あくごう》から脱《のが》れることのできる場所は無い。〔一二七〕

悪業の報いは必ずある、というのです。

悪業といってもいろいろありますが、なかでも最大の罪悪は、「命を奪う」ということです。それについての詩句は次のようなものです（第一〇章「暴力」）。

すべての者は暴力におびえ、すべての者は死をおそれる。己《おの》が身にひきくらべて、殺してはならぬ。殺さしめてはならぬ。

すべての者は暴力におびえる。すべて〔の生きもの〕にとって生命《せいめい》は愛《いと》しい。己が身にひきくらべて、殺してはならぬ。殺さしめてはならぬ。〔一二九～一三〇〕

自分が殺されるのがいやだったら、自分が害《そこ》なわれるのがいやだったならば、人を傷つけてはならない、というのですね。

こわれた鐘《かね》のように、声をあららげることがないならば、汝《なんじ》は安らぎに達している。汝はもはや怒り罵《ののし》ることがないからである。〔一三四〕

「こわれた鐘のように、声をあららげる」、なるほど、そういうことも世の中にはありましょう。けれど、ほんとうに身を修めた人はそういうことはしない。

つぎに、「老い」についてふれた言葉（第一一章「老いること」）。

この容色《ようしょく》は衰えはてた。病いの巣であり、脆《もろ》くも滅びる。腐敗のかたまりで、やぶれてしまう。生命は死に帰着する。

秋に投げすてられた瓢箪《ひょうたん》のような、鳩《はと》の色のようなこの白い骨を見ては、なんの快さがあろうか？

骨で城がつくられ、それに肉と血とが塗ってあり、老いと死と高ぶりとごまかしとがおさめられている。

いとも麗《うる》わしき国王の車も朽《く》ちてしまう。身体もまた老いに近づく。しかし善い立派な人々の徳は老いることがない。善い立派な人々は互いにことわりを説き聞かせる。

学ぶことの少ない人は、牛のように老いる。かれの肉は増えるが、かれの智慧は増えない。〔一四八〜一五二〕

「身体もまた老いに近づく」、これは避けることができない運命です。老いぼれてしまう。それにしても、「かれの肉は増えるが、かれの智慧は増えない」とは、痛烈なことばですね。

しかし、ほんとうに老いることなく生きているとはどういうことか、そのちがいはどこにあるか、これを教える詩句があります(第一二章「自己」)。

もしもひとが自己を愛《いと》しいものと知るならば、自己をよく守れ。賢い人は、夜の三つの区分のうちの一つだけでも、つつしんで目ざめておれ。

まず自分を正しくととのえ、次いで他人を教えよ。そうすれば賢明な人は、煩《わずら》わされて悩むことが無いであろう。

他人に教えるとおりに、自分でも行なえ——。自分をよくととのえた人こそ、他人をととのえるであろう。自己はじつに制し難い。

自己こそ自分の主《あるじ》である。他人がどうして〔自分の〕主であろうか? 自己をよくととのえたならば、得難き主を得る。

〔一五七〜一六〇〕

「夜の三つの区分のうちの一つ」というのは、古代インドでは、夜は三つの時分があると考えていたからです。同時にこれは、人生の三つの時期をあらわしていました。ほぼ、少年期、壮年期、老年期にあたります。人生の三つの時期のうち、少なくとも一つの時期は、目ざめて修行をせよという意味だといいます。

そして「まず自分を正しくととのえ、次いで他人を教えよ」という。つまり、自分のことは自分で処理し、それから導かねばならないというわけです。

そして――

みずから悪をなすならば、みずから汚れ、みずから悪をなさないならば、みずから浄《きよ》まる。浄いのも浄くないのも、各自のことがらである。人は他人を浄めることができない。〔一六五〕

さて、「自己をととのえる」ということについて、とくに「なるほどな」と思える詩句があります（第一四章「ブッダ」）。

たとえ貨幣《かへい》の雨を降らすとも、欲望の満足されることはない。「快楽の味は短く

て苦痛である」と知るのが賢者である。〔一八六〕

だれでも、「ああ、もう少しお金があればいいのになあ」と思いますね。しかし、人間の欲望が完全に充足されることはない。だから「たとえ貨幣の雨を降らすとも、欲望の満足されることはない」、これは至言《しげん》です。こうして、つぎの詩句に続くのです（第一五章「楽しみ」）。

怨《うら》みをいだいている人々のあいだにあって怨むこと無く、われらは大いに楽しく生きよう。怨みをもっている人々のあいだにあって怨むこと無く、われらは暮していこう。〔一九七〕

貪《むさぼ》っている人々のあいだにあって、煩《わずら》い無く、大いに楽しく生きよう。貪っている人々のあいだにあって、貪らないで暮そう。〔一九九〕

われらは一物《いちぶつ》をも所有していない。大いに楽しく生きていこう。光り輝く神々の

ように、喜びを食《は》む者となろう。〔二〇〇〕

健康は最高の利得であり、満足は最上の宝であり、信頼は最高の知己であり、ニルヴァーナは最上の楽しみである。〔二〇四〕

大いに楽しく生きよう、という境地を教えてくれることばです。この『ダンマパダ』のなかには、どれをとってみても、「ああ、いいなあ」と思われるような教えがいろいろと説かれているのです。

第７回

仏弟子の告白・尼僧の告白

——『テーラガーター』・『テーリーガーター』

ウルヴィルヴァー・カーシャパの帰仏　サーンチー第一塔，東門，一世紀．

『テーラガーター』(*Theragāthā*)は仏弟子である男性の修行僧の詩、『テーリーガーター』(*Therīgāthā*)は尼僧の詩を集めたもので、姉妹編といえる。どちらもパーリ語でだけ伝えられており、全体としての漢訳・チベット訳などは存在しない。

なお、『仏弟子の告白――テーラガーター』『尼僧の告白――テーリーガーター』(中村元訳、岩波文庫)に全文が収録されている。

今回は、仏弟子の告白・尼僧の告白ということについてお話しします。『テーラガーター』および『テーリーガーター』という聖典です。テーラは「長老」、テーリーは「長老である尼僧」という意味で、ガーターとは「詩」のことですから、それぞれ「教団の長老である僧の詩」「教団の長老である尼僧の詩」ということです。

仏教が興って、ブッダのまわりには、期せずしていろいろな人が集まってまいりました。それらの人々はそれぞれ独自の運命を担った人々でありますが、その仏弟子の一人一人の告白が詩として後代に伝えられまして、ついに詩句の集まりとして集成されたのです。この『テーラガーター』『テーリーガーター』の詩を読みますと、個々の修行僧・尼僧の精神的な煩悶《はんもん》、救いを得たいという熱烈な希望と同時に、その努力の挫折、そして、ついにブッダに会ってブッダの教えに帰依《きえ》するにいたり、心の安《あん》住《じゅう》が得られたという喜び、そういう過程が生き生きと表明されておりまして、現在のわれわれにも深い感銘を与えます。

二つの詩集

『テーラガーター』『テーリーガーター』におさめられた詩は、修行僧・尼僧たちが自分で詠じたもの、あるいは詠じたとして伝えられているものです(一部、他の人々がこれらの修行僧について詠じたものも含まれています)。ただし、本人のものかどうか、確定はできません。ともかく実際の作者は大勢いました。

『テーラガーター』『テーリーガーター』におさめられた詩の数は、それぞれ一二七九(一二八〇という数え方もあります)、五二二です。なお、『テーラガーター』には、冒頭に「序の詩句」があり、それは次のようなものです。

山窟《さんくつ》にひそみ、咆哮《ほうこう》する、牙《きば》ある獅子《しし》どもの声を聞くように、自己を修養した修行者たちの、みずからに言及する詩句を聞け。

智慧ある人々が、その名にふさわしく、その姓にふさわしく、定められたきまりのとおりに暮らし、信受《しんじゅ》したとおりに、怠《おこた》ることなく、日を送っていた。

かれらは、ここかしこに真理を観じ、不死の境地（ニルヴァーナ）を体得し、なしとげた成果を省察しながら、次のことがらを説いた。〔序一〜序三〕

この序詩は、第一回の結集《けつじゅう》（「けちじゅう」とも。仏滅後、教団の代表者が集まって、ブッダの教え＝経典を編集すること）のとき、ブッダの直弟子のアーナンダが諸々の長老に敬意を表してつくった、という伝承がありますが、どれだけの根拠があるか、不明です。

ともあれ、『テーラガーター』はこの序詩に続き、まず一つの詩句のみを残した僧のものを第一集とし（「一つずつの詩句の集成」）、次に二つの詩句を残した人たち（「二つずつの詩句の集成」）というふうに、順次、数の多いものを後の章におさめるという構成をとっており、全部で二一の章に分かれています。一人でもっとも多く詩句を伝えたのはヴァンギーサ長老で、その数は七一、「詩句の大いなる集成」と題された最終章におさめられています。『テーリーガーター』もほぼ同様の構成ですが、「一つずつの詩句の集成」にあたるものは「序の詩句」に含まれています。

この二つの詩集が編纂された時期は不明ですが、個々の詩の詠まれた年代は、『テーラガーター』の場合、おそらく西暦紀元前五世紀の末から前三世紀の中ごろであろうと推定されています。『テーリーガーター』の成立年代は、『テーラガーター』とほぼ同じころですが、若干の詩の文句は、『テーラガーター』の詩一般よりも少し遅いようです。

スニータ長老の告白

『テーラガーター』からは、スニータ長老という人の告白の詩をとりあげます。これは、「十二ずつの詩句の集成」におさめられているものです。

わたしは賤《いや》しい家に生まれ、貧しくて食物が乏しかったのです。わたしは家業《かぎょう》が卑《いや》しくて、萎《しぼ》んだ花を掃除する者でした。

人々には忌《い》み嫌われ、軽蔑《けいべつ》せられ、罵《ののし》られました。わたしは心を低くして多くの人々を敬礼しました。〔六二〇～六二一〕

つまり、スニータ長老は低いカーストに生まれ、貧しかったのですね。インド人は花を非常に大事にしますが、萎んだ花は捨ててしまいます。彼は捨てられた花を掃除し、さらに不浄とみなされたものすべてを掃除する人だったのです。当時は、掃除人という仕事が見下されていました。つい近年でも、低いカーストの人がくると、身分の高いバラモンはそれを忌み嫌って逃げてしまう、避けてしまう、というようなことが実際にあったのですが、そういう習わしに言及しているのです。

彼はこういうぐあいに虐《しいた》げられていたのですが、ブッダにお会いしてから、パッと心の眼が開かれ、新しい生涯に入ることになります。

そのとき、全《まった》き覚《さと》りを開いた人、大いなる健《たけ》き人が、修行僧の群にとりまかれて、マガダの国の首都に入って来られるのを、わたしは見ました。

わたしは、天秤棒《てんびんぼう》を投げ捨てて、〔師に〕敬礼するために、近づきました。わたしを憐《あわ》れむがゆえに、最上の人はそこに立ち止まっておられました。〔六二〜六三〕

「全き覚りを開いた人」「大いなる健き人」「最上の人」とは、つまりブッダのことです。マガダの国の首都とは、ラージャガハ＝「王舎城《おうしゃじょう》」という大都会ですが、仏教の修行者はそこから遠からず近からざるところに、つまり郊外に住んでいたのです。その都へ入って来られるのを見て、ハッと心に打たれた。ブッダの慈悲というものをじかに感じたのですね。

そのとき、わたしは、師の御足《みあし》に敬礼して、一方の側に立って、あらゆる生きもののうちの最上者(ブッダ)に、「出家させてください」と請いました。そのとき、慈悲深き師、全世界をいつくしむ人は、「来なさい。修行者よ」とわたしに告げられました。これがわたしの受戒《じゅかい》でありました。〔六二四〜六二五〕

インドでは、尊敬を示すために、足に触れて御足をいただくという習わしがあります。そして、一方の傍《かたわ》らに立って、ブッダに向かって「出家させてください」と願ったわけです。そのとき、ブッダは複雑な儀式などは何も行なわず、ただ、「さあ、いらっしゃい」と言われたのですね。おそらく、「ああ、うれしいな」と思って師のもとにおもむいたことでしょう。ここには、そうした情景がよくあらわれております。

そこでわたしは、独《ひと》りで森に住んで、怠ることなく、勝者《しょうじゃ》が教え諭《さと》されたとおりに、師のことばを実行しました。〔六二六〕

「独りで森に住んで」、建物のなかに住む修行者たちもおりましたが、スニータ長老は独りで、森のなかの静かなところに住んでいたのです。そして「怠ることなく」、つまり心が乱れたりすることのないようによく気をつけていて、「〔ブッダが〕教え諭されたとおりに、師のことばを実行した」というのです。

ここに「勝者」とありますが、「勝者」「勝利者」というのがブッダの別名です。戦場で大勢の敵を倒すよりも、自分の煩悩にうち勝つことのほうがもっとむずかしい。その煩悩にうち勝ったのがブッダですから、だから「勝者」「勝利者」と呼ばれるのです。

そのブッダの言われたとおりに実行した。そうすると――

夜の初更《しょこう》に、わたしは過去世《かこせ》のことを想い起こしました。夜の中更《ちゅうこう》に、天眼《てんげん》が浄《きよ》められました。夜の後更《ごこう》に、闇黒《あんこく》の塊《かたま》りが砕かれました。〔六二七〕

「夜の初更」とは、夜をほぼ三つに分けた、その最初の時間です。「初夜《しょや》」ともいいます。「過去世」とは、自分が生まれる前にどんなものであったかということですが、これはわれわれ凡夫《ぼんぶ》にはわかりません。けれどもスニータ長老は、心が澄んだために「過去世」のことさえも知ることができたというのです。これを仏教では「宿命通《しゅくみょうつう》」と申します。

それから「夜の中更に、天眼が浄められ」たという。「中更」は夜の中ごろで、「中夜《ちゅうや》」ともいいます。「天眼」は「全てを透視する、見通す力」ですが、それが得られて、それによってわたしは浄められたというのですね。これを「天眼通《てんげんつう》」といいます。

さらに、「夜の後更」、これは「後夜《ごや》」ともいう、夜の最後の時間です。このとき、「闇黒の塊りが砕かれました」。われわれは迷いにとりつかれているのですが、その迷い、無知、無明《むみょう》を打ち砕いたというのです。もはや汚《けが》れがないということをさとって、浄められたわけです。これを「漏尽通《ろじんずう》」といいます。

次いで、夜の明けがた、太陽の昇り出るころに、インドラと梵天《ぼんてん》とが来て、わたしに合掌《がっしょう》し敬礼して、言いました、――

「生まれ良き人、あなたに敬礼します。最上の人、あなたに敬礼します。あなたの汚れは消滅しました。あなたさまは、供養《くよう》を受けるべきかたです。」

〔六二八～六二九〕

明けがた、太陽の昇るころに陽《ひ》を拝むということは宗教的な意味があるとされ、インドでは今日もなお行なわれています。そのとき、「インドラ」と「梵天」という二人の神さまがみえたというのです。

インドラは空《そら》の世界を支配する神です。インドのいちばん古い聖典『リグ・ヴェーダ』においては、もっとも重要な神であり、捧げられる讃歌の数もいちばん多かったのです。その神が仏教にとり入れられて、「帝釈天《たいしゃくてん》」として拝まれています。わが国でも帝釈天の信仰が行なわれていますね。「梵天」も当時の人々から尊崇《そんすう》されており、バラモン教では世界を創造した主神とされています。

ともかく、帝釈天と梵天は、仏法を守護する二人の偉大な神として、昔から重んぜられてきました。その神さまがこのスニータ長老のところへ来て、合掌・敬礼したというわけです。神さまのほうが修行者を拝むのです。修行者は立派な修養を積んだ、さとりを得た人だからです。

ここで、二人の神さまは、スニータ長老に「生まれ良き人」と言っています。出家する前、このスニータ長老は、人々から「賤しい家に生まれ」「家業が卑しい」と見られていたのですね。ところが、二人の最高の神さまがあらわれて、「生まれ良き人」よ、と呼びかけているのです。つまり、「生まれ良き人」というのは血筋できまるのではない、行ないがどうであるか、その心が清らかであるかどうか、それによってきまるということです。そして「あなたに敬礼します」と言う。「あなたに敬礼します。あなたの汚れは消滅しました。あなたさまは、供養を受けるべきかたです」。それ以前には、バラモンが世間一般の人々から供養を受けて、なにかの施しにあずかるという習わしでありましたが、ここで二人の神さまは、そうではなくて、あなたこそ供養を受けるべき、敬われるべき立派な人だと、そう言い切っているのです。

次いで、わたしが神々の群に敬われているのを、師は見たもうて、微笑をたたえて次の道理を説かれました、――

「熱心な修行と清らかな行ないと感官の制御と自制と、――これらによって、ひとは、バラモンとなる。これが最上のバラモンたる境地である。」〔六三〇〜六三一〕

「わたしが神々の群に敬われている」のを、ブッダがごらんになって、微笑《ほほえ》みながら、「熱心な修行」と「清らかな行ない」と「感官の制御と自制」、これによって、「ひとは、バラモンとなる」「これが最上のバラモンたる境地である」と言われた。「感官の制御と自制」とは、つまり、われわれの五感を制することです。修養する、そして自制する、みずからを制する、これが大事なのであって、生まれではない。生まれはどうあろうと、修養の生活を積んだ人がほんとうのバラモンだというのです。二人の偉大な神さまがその境地を讃《たた》えて、すばらしいということを証明したというわけなのです。

人生の悲惨に苦しんだ尼僧

次に『テーリーガーター』から、尼僧の一人、キサー・ゴータミー尼の告白を味わってみましょう(「十一の詩句の集成」)。

キサーは「やせた」という意味、ゴータミーはゴータマ姓の女人、女の人という意味です。彼女はサーヴァッティー市(舎衛城《しゃえじょう》)の貧しい家に生まれた女性で、やせていたからそう呼ばれていたといいます。

この詩句に対する注釈文献によると、彼女はわが子の亡骸《なきがら》を抱いて、「ああ、失ってしまったわたしの子を返してください、わたしの子のために薬をください」と言いながら町を歩きまわっていたときに、ブッダに出会います。彼女はブッダに「いまだかつて死人を出したことのない家から、芥子《けし》の粒をもらってきなさい」と言われて、家々をまわったけれども、どこへ行っても、死人を出したことのない家というのはない。それを知って、人生の無常《むじょう》に気がつき、出家したと伝えられています。その告白は人生の悲惨を物語っていて、痛烈であります。彼女の詩をご紹介しましょう。

「婦女の身であることは、苦しみである」と、丈夫《じょうぶ》をも御《ぎょ》する御者《ぎょしゃ》はお説きになりました。〔他の婦人と〕夫をともにすることもまた、苦しみである。また、ひとたび、子を産んだ人々も〔そのとおりで〕あります。か弱い身で、みずから首をはねた者もあり、毒を仰《あお》いだ者もいます。死児が胎内にあれば両者(母子)ともに滅びます。

わたしは、分娩《ぶんべん》の時が近づいたので、歩いて行く途中で、わたしの夫が路上に死んでいるのを見つけました。わたしは、子どもを産んだので、わが家に達することができませんでした。

貧苦《ひんく》なる女(わたし)にとっては二人の子どもは死に、夫もまた路上に死に、母も父も兄弟も同じ火葬の薪《たきぎ》で焼かれました。〔二一六〜二一九〕

「丈夫をも御する御者」とは、馬を御するように、丈夫＝男たちさえも御するという意味で、ブッダのことです。「〔他の婦人と〕夫をともにする」、これは愛情関係のもつれですね。「みずから首をはねた者」もいるとありますが、インドで武人が自決するときはみずから首をはねるというしかたが多く、ときには、日本の昔の侍《さむらい》のように切腹した人もおります。けれども、ここではそのことではありません。女人で、「か弱い身」でありながら「みずから首をはねた者」もあり、「毒を仰いだ者」もいるというのですから、追いつめられて悲惨な死を迎えた女性がいかに多かったかを言っているのです。そして、死んだ子が胎内にあれば、母も子も、両者ともに滅びます。

「わたしの夫が路上に死んでいるのを見つけました。わたしは、子どもを産んだので、わが家に達することができませんでした」、これはおそらく、夫の死を見た驚きもあったのでしょう。

ですから、彼女はこう呼びかけられます。

一族が滅びた憐《あわ》れな女よ。そなたは限り無い苦しみを受けた。さらに、幾千〔の苦しみの〕生涯にわたって、そなたは涙を流した。〔三〇〕

そして——

さらにまた、わたしは、それを墓場のなかで見ました。――子どもの肉が食われているのを。わたしは、一族が滅び、夫が死んで、世のあらゆる人々には嘲笑《ちょうしょう》されながら、不死〔の道〕を体得しました。〔二二二〕

ここで「墓場」といっておりますが、日本のように墓石を建てるということはいたしません。いまのインドで墓石を建てたお墓があれば、それはイスラム教徒かクリスチャンのものです。ヒンドゥー教徒はお墓をつくらないで、火葬に付し、その後遺骨を神聖な川へ流してしまいます。そうでなければ、遺骸をただ捨てておく場所があるのです。それをここで墓場といっているのです。つまり、彼女には火葬の薪を買うだけの金もなかったから、そこに捨てるしかなかったのですね。そこに鳥・獣が集まって、肉を食う。その恐ろしさをいっているのです。

わたしは、八つの実践法よりなる尊《とうと》い道、不死に至る〔道〕を実修しました。わたしは、安らぎを現にさとって、真理の鏡を見ました。〔二二三〕

「八つの実践法よりなる尊い道、不死に至る〔道〕」、これが仏道《ぶつどう》です。仏さまの説かれる教えです。八つの実践法とは、「八正道《はっしょうどう》」と申しますが、正しい見解、正しい思い、正しいことば、正しい行為、正しい生活、正しい努力、正しい気づかい、正しい精神統一、その八つをいうのです。「安らぎを現にさとって、真理の鏡を見ました」とは、いわゆるニルヴァーナ＝涅槃の境地に達したことをいうのです。

すでに、わたしは、〔煩悩《ぼんのう》の〕矢を折り、重い荷をおろし、なすべきことをなしおえました。と、キサー・ゴータミー長老尼は、心がすっかり解脱《げだつ》して、この詩句を唱えた。〔二二三〕

煩悩というものは身に刺さりますね。だから矢に譬《たと》えられるのです。その「〔煩悩の〕矢を折り、重い荷をおろし、なすべきことをなしおえました」。そして、キサー・ゴータミーという尼僧は、心がすっかり解脱してこの詩をとなえた、とそのように記されております。

チャンダー尼僧の告白

人生の悲惨さを味わって出家したということでは、チャンダーという尼さんの告白も同様です（「五つずつの詩句の集成」）。

わたしは、以前には、困窮《こんきゅう》していました。夫を亡《うしな》い、子なく、朋友も親もなく、衣食《いしょく》も得られませんでした。

鉢と杖とを取って、わたしは、家から家へと食物を乞いながら、寒さ暑さに悩まされつつ七カ年の間、遍歴しました。

ときに、ある尼僧が飲食物を受けているのを見て、わたしは、近づいて言いました。――「わたしは、家をすてて出家し遍歴しているのです」と。〔一二二〜一二四〕

彼女はよるべなく、生活に困って、七年間も乞食をしながら遍歴していたというのです。そのとき、托鉢《たくはつ》している尼僧に会い、話しかけたのですね。

かのパターチャーラー尼は、哀れんで、わたしを〔ブッダの教団において〕出家させてくださいました。それから、わたしを教えさとして、最高の目的〔の獲得〕に向かって励ましてくださいました。

彼女のそのことばを聞いて、わたしは〔その〕教えを実行しました。きよき尼さまの教えは、虚《むな》しくはなかったのです。わたしは〔煩悩の〕けがれなく、三種の明知《みょうち》を得ました。
〔一三五〜一三六〕

パターチャーラーという尼さんが、彼女を哀れんで、出家させてくれた。そして、教えを実行するなかで、煩悩から解放され、「三種の明知」を得たというのです。この「三種の明知」とは、六神通《ろくじんずう》といわれる、人知を超えた六種の自由自在な能力のうちの、「自分の過去世を見通す能力」(宿命通)、「すべてを見極める智慧の働き」(天眼通)、「自分が汚れを離れてさとったという、その自覚の智慧の働き」(漏尽通)のことです。

もと遊女たちの告白

もと遊女だったという尼僧の告白もあります。

まず、アッダカーシーという尼さんです（「二つずつの詩句の集成」）。

〔遊女としての〕わたしの収入は、カーシー（ヴァーラーナシー）国〔全体〕の収入ほどもありました。町の人々は、それをわたしの値段と定めて、値段に関しては、わたしを、値のつけられぬ〔最高な〕ものであると定めました。　（二五）

収入がカーシー国全体の収入ほどあった、というのはたいへんな誇張ですが、すばらしい収入があったという意味でしょう。つまり、町の人々は、彼女を値のつけられぬほど高価な遊女であると定めたのです。

ところが――

わたしはわたしの容色に嫌悪を感じました。そうして嫌悪を感じたものですから、〔容色についての〕欲を離れてしまいました。もはや、生死の輪廻《りんね》の道を繰り返し走ることがありませんように！　三種の明知を現にさとりました。ブッダの教え〔の実行〕を、なしとげました。〔二六〕

つまり、自分が嫌になったのですね。自分の容色に嫌悪を感じたものですから、もう、そうしたことへの欲はなくなった。そして、「生死の輪廻の道を繰り返し走る」ことがないように願った。「三種の明知」をさとり、それによって、ブッダの教えの実行をなしとげたというのです。

次に、アンバパーリー尼の告白を聞いてみましょう（「二十ずつの詩句の集成」）。この告白もわれわれに迫るものがございます。このアンバパーリーという尼さんは、もと、商業都市ヴェーサーリーの高級遊女で、インドの代表的な美女のように伝えられています。当時は高級な遊女は財産もありかなり富裕でありました。『大パリニッバーナ経』によりますと、ブッダがヴェーサーリーにおもむかれたときに、アンバパーリーの林に一時滞在されたとありますが、そこにも、かねてから彼女がブッダに帰依していたようすが伝えられています。

〔昔は〕わたしの毛髪は漆黒《しっこく》で、蜜蜂《みつばち》の色に似ていて、毛の尖端《せんたん》は縮れていました。しかし、いまは老いのために、毛髪は麻の表皮のようになりました。真理を語るかた〔ブッダ〕のことばに、誤りはありません。　〔二五二〕

当時は、毛の先が縮れているというのが、美人のひとつの印だったのですね。仏像でも「螺髪《らほつ》」と申しまして、縮れ毛になっておりましょう。それがいまは、麻の表皮のようにガサガサになったというのです。

〔かつて〕わたしの頭は、芳香ある篋《こばこ》のように香りがしみこみ、花で覆い飾られていました。しかし、いまは老いのために、それは兎《うさぎ》の毛のような臭いがします。真理を語るかたのことばに、誤りはありません。　〔二五三〕

インドの女の人は頭に花をさしますね。おばあさんでも花をかざします。だから彼女の頭は、かつては「芳香ある篋」のような香りがしたのですね。ところが、いまは老いのために「兎の毛のような臭い」がするというのです。

そして、次のように、同じような繰り返しのことばが続きます。

よく植えつけられてよく茂った林のように、〔わたしの頭は〕櫛《くし》やピンで髪を整え美しく飾られていましたが、いまでは老いのために、そのあちこちが薄くなって禿《は》げています。真理を語るかたのことばに、誤りはありません。

黄金に飾られ、芳香あり柔らかな黒髪は、見事に束《たば》ねられて美しかったのですが、いまでは老いのために、その頭髪は脱《ぬ》け落ちました。真理を語るかたのことばに、誤りはありません。

かつて、わたしの眉毛は、画家が描いたすばらしい画のように美しかったのですが、いまでは老いのために、皺《しわ》がより、たれさがってしまいました。真理を語るかたのことばに、誤りはありません。

わたしの眼《まなこ》は、宝石のように光り輝き、黒い紺色《こんじき》で、細く長かったのですが、いまでは老いのために害《そこ》なわれて、美しくありません。真理を語るかたのことばに、誤りはありません。

若き青春の頃には、わたしの鼻は、柔軟《じゅうなん》な峰のように、美しかったのですが、いまでは老いのために、干からびたようになっています。真理を語るかたのことばに、誤りはありません。

わたしの耳朶《みみたぶ》は、以前には、よく作られよく仕上げられた腕環のように美しかったのですが、いまでは老いのために、皺がより、たれさがっています。真理を語るかたのことばに、誤りはありません。

わたしの歯は、あたかも芭蕉《ばしょう》の新芽の色のように、以前は美しかったのですが、いまでは老いのために、それらは砕けて、〔あるいは〕麦のように黄ばんでいます。真理を語るかたのことばに、誤りはありません。

森のなかの茂みを飛び回るコーキラ鳥のように、わたしは甘美《かんび》な声を出していましたが、いまでは老いのために、それは、あちこちでとぎれます。真理を語るかたのことばに、誤りはありません。〔二五四〜二六二〕

老いの運命というものを、ひしひしとさとったのですね。コーキラはカッコウ科のオニカッコウで、春の甘美さをかもし出す代表的な鳥として、昔から詩歌に詠まれ、親しまれています。

さらにいくつか、こうした詩句を重ねたあと、次のように結びます。

このように、より集まって出来ているこの身は、老いさらばえて、多くの苦しみのむらがるところです。それは塗料の剝《は》げ落ちたあばら家です。真理を語るかたのことばに、誤りはありません。〔二七〇〕

どんな美女でもやがて老いに襲われる、そういう自覚のもとに、彼女も出家して、ブッダのお弟子になったのであります。

結婚に失敗した豪商の娘

イシダーシーという、もと豪商の娘であった尼さんの告白は非常に具体的で、これもまた、胸に迫るものがあります。彼女は三度結婚に失敗して、ついに出家したのですが、その経過が述べられているのです(「四十の詩句の集成」)。

すぐれた美しい都ウッジェーニーにおいて、わたしの父は、徳行の篤《あつ》い豪商でした。わたしは、その一人娘で可愛がられ、喜ばれ、慈《いつく》しみをうけました。ときに、サーケータに住む名門の人から〔遣《つか》わされた〕仲人《なこうど》がやってきました。〔名門の人とは〕多くの財宝のある豪商で、父は、わたしをその人の嫁(子の妻)として与えました。

夕と朝には、姑《しゅうとめ》と舅《しゅうと》に挨拶のために近づき、教えられたとおりに、頭を〔かれらの〕足につけて敬礼しました。

わたしの夫の姉妹や兄弟や近親のうち、だれか一人を〔ちらりと〕見ただけでも、わたしは畏《おそ》れはばかって、座をゆずりました。

食物、飲物、かたい食物、それにそこに貯えられているものを、喜んで持ってきて、そうして、〔適当な〕人に適するものを与えました。

時間に遅れることなく起きて、〔夫の〕住居に行き、入口で手足を洗い、合掌して夫のそばに近づきました。

櫛《くし》と顔料《がんりょう》と眼薬と鏡を持っていって、婢女《はしため》のように、みずから夫を装飾しました。わたしは、自分で御飯を炊き、自分で食器を洗いました。あたかも、母が一人っ子に対してなすように、わたしは夫にかしずきました。〔四〇五～四一三〕

それなのに――

このように、貞淑な態度で、夫に愛情をいだき、高ぶらず、早起きで、怠けず、婦人としての徳がそなわっていたのに、夫はわたしを憎みました。かれ（夫）は〔かれの〕母と父とに告げていいました。「許してください。わたしは出て行きたいのです。わたしはイシダーシーと同じ家の中で一緒に住みたくないのです。」〔四一三～四一四〕

結婚生活が破れてしまったのですね。悲しみのうちに離婚したイシダーシーは、また、再婚させられます。

そこで〔父は〕次にわたしを富める第二の家の人に与えました。〔第一の〕富商がわたしを得〔て支払っ〕た結納金《ゆいのうきん》の半分をもって。〔四三〇〕

結納金はいわば身代金《みのしろきん》で、結納金を与えてお嫁さんをもらうという習俗が当時あったのです。

わたしは、かれの家にも一カ月住みましたが、やはりかれもわたしを追い返しました。――わたしは婢女《はしため》のように勤《いそ》しみ仕え、罪もなく、戒《いまし》めを身にたもっていたのですが。〔四三一〕

そこへ第三の男があらわれたのです。

托鉢のために徘徊《はいかい》し、自ら制し〔他人を〕制する力ある一人の男に向かってわたしの父は言いました。――「あなたはわたしの女婿《じょせい》となってください。ボロ布の衣と乞食鉢《こつじきはつ》を捨てなさい」と。

かれもまた半カ月住みましたが、そこで父に告げました、――「わたしにボロ布の衣と鉢と飲む器とを返してください。もとどおり托鉢の生活がしたいのです。」

〔四三〜四三〕

しかし、かれもまた、半カ月住んだあと、「もとどおり托鉢の生活がしたい」と言って、父は婿となってくれと言ったのですね。世俗の生活に返りなさいというのです。

「自ら制し〔他人を〕制する力ある」人とは、つまり修行者ですが、その人に向かって、出ていってしまった。

かれは追われて去りました。わたしも独《ひと》りで思いに耽《ふけ》りました。――「わたしは許しを得て出て行きましょう、死ぬために。あるいは出家しましょう」と。

そのとき尊きジナダッター尼は、托鉢のために遍歴しつつ、父の家に来られました。〔かの尼さまは〕戒律をたもち、道を学び、徳を具《そな》えた方でした。

かの尼を見るや、起《た》って、かの尼さまのための座席を設けました。坐した尼の両足を礼拝し、食物をささげました。

食物と飲料とかむ食物とそこに貯えてあったすべてのものを飽くまですすめて、わたしは言いました、──「尼さま、わたしは出家したいと願うのです」と。〔四二六〜四二九〕

わたしは、母と父と親族一同のすべての者に挨拶して、出家しました。出家して七日目に、わたしは、三種の明知を得ました。〔四三三〕

ここに「食物」とありますのは、柔らかくジャブジャブと吸うようにして食べる食物のことをいいます。「かむ食物」とは固い食物です。

この「三種の明知」というのは、もとのことばではテーヴィッジャー(tevijjā)といい、バラモン教の聖典である三ヴェーダのことなのです。ところが仏教では、前に述べたように(五六頁)、ことばは同じでもその内容をすっかりあらためて、もっと純粋な精神的なものに展開したのです。

こういうふうに悲しい運命に翻弄《ほんろう》された女の人々もいたのですが、こういう人々もブッダの慈悲によって救われて、尼さんとなったのでした。

第8回

人間関係

──『シンガーラへの教え』(1)

カピラ城のニグローダ樹園・説法に耳をかたむける在家信者たち　サーンチー第一塔，北門，一世紀．

『シンガーラへの教え』(*Singālovāda-suttanta*)は、在俗信者の実生活の指針・日常生活の倫理を要領よく述べたものとして、有名。パーリ語の仏教聖典のなかに伝えられている。これに相当する漢訳の経典は、『六《ろっ》方礼経《ぽうらいきょう》』(＝『仏説尸《ぶっせつし》迦羅《から》越礼経《おつらいきょう》』)をはじめとして四つあり、漢文の『大《だい》蔵経《ぞうきょう》』のなかに納められている。ただ、その文句はかなりちがっており、漢文の経典には中国人の倫理思想を反映していると思われる箇所がある。なお、中村元訳は『原始仏典』第三巻、長部経典Ⅲ(中村元監修、森祖道ほか編、春秋社)に収録されている。また『原始仏典三 ブッダのことばⅠ』(梶山雄一ほか編、講談社)に全文が収録されている。

原始仏教においては、世俗倫理に関してもいろいろ説かれており、いろいろな教えがある時期に体系化されました。そのもっとも完結したものとして、『シンガーラへの教え』があります。

これは、ブッダがシンガーラという資産家の子どもに対して、人間としての道を教えた、その内容を述べているものです。お坊さんのためには戒律《かいりつ》の規定を細かに述べた書物がいろいろありますが、そうではなくて、世俗の生活をしている人のための行為規定、戒《いまし》め、それを述べているのがこの経典なのです。

五世紀ころにあらわれた南方仏教の大学者、ブッダゴーサという人は、「およそ家長(家の主人)がなさねばならぬ行為であって、しかもこの経典のうちに説かれていないものは、何もない。この経典は家長の戒律と言われる。それ故にこの経典を聞いて、教えられたとおりに実行するならば、繁栄のみが期待されて、衰滅《すいめつ》、衰えるということはありえない」と言っております。南アジアの仏教では、在俗信者のための戒律として非常に重んぜられ、現在でも、スリランカ、ミャンマー(ビルマ)、タイ、カンボジア、ラオスなどでは、世俗の人々のための実生活の指針を述べたものとして、たいへん重要な「お経」です。

方角を拝むときの心

このようにわたしは聞いた。

あるとき世尊《せそん》(ブッダ)は王舎城《おうしゃじょう》のカランダカ竹林に住んでおられた。そのとき、資産者の子シンガーラは、早く起床し、王舎城を出て、〔郊外にいたり、沐浴《もくよく》して〕衣を浄《きよ》め、髪を浄めて、合掌《がっしょう》し、東方・南方・西方・北方・下方・上方の各方角を礼拝《らいはい》した。〔一〕

シンガーラという人について、わたしがここで「資産者」と訳してみたのは、一定の財産・地位を親から世襲的に受けていて、社会的にも重んぜられている人だからです。漢訳の仏典ではしばしば、「居士《こじ》」と訳しております。よく戒名《かいみょう》に「居士」ということばを使いますね。それは社会的な信用のある資産者のことなのです。

「東方・南方・西方・北方・下方・上方の各方角」、東西南北と上下ですね。その六方を拝んでいた。だから、この経典のことを漢訳では「六方礼経《ろっぽうらいきょう》」、六つの方角を礼拝することに関しての教えというぐあいに訳しているのです。

そのとき世尊は早朝に内衣《ないい》をつけ、鉢と衣とを取り、乞食《こつじき》のため王舎城に入られた。そこで世尊は、資産者の子シンガーラが早く起床し、王舎城を出て、〔郊外にいたり、沐浴して〕衣を浄め、髪を浄めて、合掌し、東方・南方・西方・北方・下方・上方のそれぞれの方角を礼拝しているのを見られた。そうして資産者の子シンガーラを見て、このように問われた。〔三〕

方角を拝むということ、これはインドでは古くから行なわれていた習俗で、古典にも出ているのです。

それから、「沐浴して衣を浄め」た。これは日本人には、ちょっと意外にひびくかもしれません。インド人は沐浴しますときに、けっして全裸体にはならないのです。腰から下には必ず衣をまとって、そしてジャブンと飛び込みます。お風呂は使わず、たいてい水浴です。そうすると、衣は濡れますね。その濡れた衣を取り去って、そして、濡れていない衣と取り替える。あるいは、空気が乾燥していますから、濡れた衣でも、絞ってフッフーッとやっていると、一〇分か二〇分で乾いてしまう。

わたしは先年、海辺の大都市マドラスで、三人のバラモンがホースで水をぶっかけられている風景を見ました。上半身は裸ですが、衣はまとっています。バラモンたちはとても気持ちよさそうにしていましたが、これもやはり、体を浄め、衣を浄めるということなのです。このとき、髪も浄めることになります。

ともかく、そういう光景をブッダが見られて、それで長者の子に問われた。

「資産者の子よ。汝が早く起床し、王舎城を出て、〔郊外にいたり、沐浴して〕衣を浄め、髪を浄めて、合掌し、東方・南方・西方・北方・下方・上方のそれぞれの方角を礼拝するのは何故であるか?」

〔三(続き)〕

シンガーラは答えます。

「尊者よ、父が亡くなるときにわたしに遺言しました。――『親愛なる者よ、お前はもろもろの方角を拝すべきである』と。こういうわけで、わたしは父の遺言を尊び、敬い、重んじ、奉じて、早く起床して、王舎城を出て、〔郊外にいたり、沐浴して〕衣を浄め、髪を浄めて、合掌し、東方・南方・西方・北方・下方・上方のそれぞれの方角を礼拝するのです。」〔三(続き)〕

父が亡くなるときに、「お前はもろもろの方角を拝すべきである」と遺言したというのですね。そうすると、ブッダが次のように教えます。

「資産者の子よ。立派な人の律においては、六つの方角をこのようなしかたで礼拝してはならない。」

〔そこでシンガーラは乞うた〕「それでは立派な人の律においては、どのようなしかたで六つの方角を礼拝すべきであるか、そのきまりをわたしによくお教えください。」

〔ブッダは答えた〕「では、資産者の子よ。聞け。よく注意せよ。わたしは話して

あげよう。」　〔三(続き)〕

そうしてブッダは、人としてなしてはならない行為(次回参照)について述べたあと、こう言うのです。

「資産者の子よ。立派な弟子は六つの方角をどのように護るのであるか？　六つの方角とは、次のものであると知るべきである。東方は父母であると知るべきである。南方はもろもろの師であると知るべきである。西方は妻子であると知るべきである。北方は友人・朋輩《ほうばい》であると知るべきである。下方は奴《ぬ》僕《ぼく》・傭人《ようにん》であると知るべきである。上方は修行者・バラモンたちであると知るべきである。」　〔三七〕

ここからブッダは、その一つ一つについて、詳しく教えを述べます。

父母と子の守るべきこと

実に次の五つのしかたによって、子は、東方に相当する父母に対して奉仕すべきである。

「われは両親に養われたから、〔一〕かれらを養おう。〔二〕かれらのために為すべきことをしよう。〔三〕家系を存続しよう。〔四〕財産相続をしよう。そうしてまた、〔五〕祖霊《それい》に対して適当な時々に供物《くもつ》を捧げよう」と。実にこれらの五つのしかたによって子は、東方に相当する父母に対して奉仕すべきである。〔三八〕

「われは両親に養われたから、かれらを養おう」「かれらのために為すべきことをしよう」、これは親の恩を知り、それに報いることです。それから「家系を存続しよう」、家柄を続けることがやはり大事であるという。仏教は中国から朝鮮、日本へと伝わって来ますと、祖先崇拝と非常に緊密に結びつくようになりますが、その理論的な根拠を経典のなかに求めると、こういうところにすでに見られます。さらに「財産相続をしよう」、これは跡継ぎがいませんと、財産は国王に没収されてしまうからです。それを避けるというわけです。そしてまた「祖霊に対して適当な時々に供物を捧げよう」、祖先の魂にお供え物をしなさいという。今日、日本でも、仏壇にお供え物をいたします。その習俗は原始仏教の時代からあったのですね。

こういう「五つのしかたによって子は、東方に相当する父母に対して奉仕すべきである」というのです。わたしはここで「父母」と訳しましたが、インドの原典では「母と父」となっています。それは、当時のインドでは母系家族制だったから、母のほうを重んじたということに由来するのです。

これに対して——

また父母は、次の五つのしかたで子を愛するのである。すなわち、〔一〕悪から遠ざけ、〔二〕善に入らしめ、〔三〕技能を習学させ、〔四〕適当な妻を迎え、〔五〕適当な時期に相続をさせる。〔二八(続き)〕

まず第一に、悪いことをしないように気づかう、第二に、いいことをするようにさせる。第三に「技能を習学させせ」、今日でいえば、学校へ送って勉強させるようなことがここへ入るわけでしょうね。第四に「適当な妻を迎え」、第五に「適当な時期に相続をさせる」。

実に子は、このような五つのしかたによって、東方に相当する父母に奉仕し、またた父母は、これら五つのしかたによって、子を愛するのである。このようにしたならば、かれの東方は護られ、安全であり、心配がない。〔二八（続き）〕

現代でも親が子のことをいろいろと気づかう、その気持ちがここに表明されていま す。ただ、四番目に出ました「適当な妻を迎え」ということは、今日ではあるいは異論をとなえる人もあるかもしれません。親が結婚をきめるのではなくて、本人の問題だ、ということがいえるかもしれませんけれども、これは、いくら文明が進んでも、どういう時代になっても、やはり親は子のことをいろいろ考えているわけで、その気持ちのありようとして捉えるべきでしょう。

そして「適当な時期に相続をさせる」、インドではある時期になりますと、地位あり資力のある親は、地位・財産を子どもに譲って自分は引退して森のなかに住む、あるいは遍歴の生活を送ることになっていました。マックス・ヴェーバーという社会学者は、これは西洋には見られない習俗である、しいて類例を求めるならば、日本の「隠居《いんきょ》」がこれに当たるといっています。こういうことも、われわれにはいろいろ思い当たることのある倫理です。

師弟関係の礼儀と心得

次は師弟関係です。

実に弟子は、次の五つのしかたで、南方に相当する師に奉仕すべきである。すなわち、〔一〕座席から立って礼をする。〔二〕近くに侍《じ》する。〔三〕熱心に聞こうとする。〔四〕給仕する。〔五〕うやうやしい態度で学芸を受ける。
実にこれらの五つのしかたによって、弟子は、南方に相当する師に対して奉仕すべきである。〔二九〕

「座席から立って礼をする」、これはアジアの国々では今日なお行なわれております。西洋人はやらないじゃないか、といわれるかもしれませんけれども、わたしが先年、アメリカの大学でこの条項を説明しておりましたときに、ある年配の学生が立って申しました。「自分はイタリアで勉強したことがある。イタリアでは学生は座席から立って礼をする」と言っておりました。そのとおりに必ずしもしなくてもいいでしょうが、そういう気持ちで師に対するということは諸民族を通じていえることでありましょう。

第二に「近くに侍する」、つまり師の近くに侍《はべ》るというのです。この時代は主として師匠の家に住み込んでいろいろ教えてもらいましたから、この規定はとくに重要でした。第三に「熱心に聞こうとする」、やはり熱意がなければだめです。第四に「給仕する」、いま申しましたように、当時は住み込みの生活でしたから、師匠のお世話をするということがより強調されたわけです。第五に「うやうやしい態度で学芸を受ける」、何であれ、うやうやしい態度ということは必要なことですね。

これに対して——

また師は次の五つのしかたで弟子を愛する。すなわち、〔一〕善《よ》く訓育《くんいく》し指導する。〔二〕善く習得したことを受持《じゅじ》させる。〔三〕すべての学芸の知識を説明する。〔四〕友人朋輩のあいだにかれのことを吹聴《ふいちょう》する。〔五〕諸方において庇護《ひご》してやる。

〔三九(続き)〕

第一に「善く訓育し指導する」、これはあたりまえですね。第二に「善く習得したことを受持させる」、受けたもたせる、これもそうです。

第三に「すべての学芸の知識を説明する」とありますが、これは大切なことです。つまり、先生が知っている限りのことは弟子に伝える、というのですが、実は仏教以前では、奥深い教えは自分の信頼できる弟子にのみ伝える、というのが「ウパニシャッド」(バラモン教の聖典ヴェーダの終結部を構成する哲学的文献で、奥義書と訳されることがある)の習《なら》わしでした。ところが、仏教は知識をすべての人に伝える。「釈尊の教えは日月《じつげつ》の如く輝く」と申します。あらゆる人に教えを伝えるというのが、仏教のひとつの特徴なのです。

第四に「友人朋輩のあいだにかれのことを吹聴する」、つまり友人朋輩のあいだに「ああ、あの学生はなかなかいいしっかりした男だよ」と言ってほめてやる。第五に「諸方において庇護してやる」、つまり弟子がどこへ行っても、陰のほうからそれを守ってやる。

実に南方に相当する師は、これらの五つのしかたによって弟子から奉仕される。また師はこれらの五つのしかたによって弟子を愛するのである。このようにしたならば、かれの南方は護られ、安全であり、心配がない。〔二九（続き）〕

妻への奉仕と夫の心がまえ

第三は夫と妻のあいだです。

実に夫は、次の五つのしかたで、西方に相当する妻に奉仕すべきである。すなわち、〔一〕尊敬すること、〔二〕軽蔑しないこと、〔三〕道を踏みはずさないこと、

〔四〕権威を与えること、〔五〕装飾品を提供することによってである。西方に相当する妻はこれらの五つのしかたで夫に奉仕されるのである。〔三〇〕

妻に「奉仕すべきである」とありますが、原文はまさにそうなっております。つまり、亭主関白で勝手なことをやっちゃいけない、心せよという意味なんでしょう。まず第一に「尊敬する」、妻を尊敬しなければならない。第二に「軽蔑しない」、世間ではどうかすると、人を見下した荒々しいことばを使う人がいますね。しかし、そういう荒々しいことばを妻に向けてはならない。第三に「道を踏みはずさない」、これを西洋の学者は「姦淫《かんいん》せざること」と訳しておりますが、さきほどふれた仏教学者ブッダゴーサの注釈によりますと、もっと精神的な意味で、「妻以外の婦人といっしょに外へ出て歩き回るようなことをしない」というのです。

第四に「権威を与える」、これについてブッダゴーサは、こういうことを言っております。「女人というものは、たとえ蔓草《つるくさ》のようなゆったりとした大きなサリー（インド人の着る独特の衣裳）を与えられても、食物を分配する自由を与えられないと怒る。だから、杓文字《しゃもじ》を持たせて、おまえの好きなようにせよと言って自由にさせて、権威を与えることだ」というのです。

第五に「装飾品を提供する」、これは世間の男性方にとってはちょっと脅威的な発言であります。しかし、実際には、ブッダゴーサの注釈にしたがって、内容を理解し、実生活の指針とするというのが行なわれていますので、それによりますと、装飾品の提供は夫の能力に応じて、ということになっております。それならば、男性の方々もちょっと安心なされましょう。なお、装飾品を妻に買って与えるということは、よく世間でいわれる貯蓄増強という精神に反するのじゃないか、そういうことを懸念される方がおられるかもしれません。しかし、そうではないのです。南アジアの国々の人々は、いまでも、あまり銀行にお金を預けたりしない。お金ができるとすぐ、貴金属、金などを買ってしまったりします。それを腕環にしたり指輪にしたり耳飾りにしたりして、自分の身につける。そして、お金がいるというときになりますと、それを一つ一つ売るのです。ことに戦乱もあり、政治情勢が安定していないというときなど、自分の身に宝をつけて逃げて行けば、暮らすことができますね。昔ならとくにそうですから、そういう生活の知恵がここに反映しているので、つまり、妻に装飾品を買って与えるというのは、貯蓄増強というのと趣意は同じことになるのです。

これに対して、「妻は次の五つのしかたで夫を愛する」、つまり、ただ表面的に夫に従っているのじゃいけない、心のなかから夫を愛するということが必要であるということを言います。

すなわち妻は、〔一〕仕事をよく処理し、〔二〕眷属《けんぞく》をよく待遇し、〔三〕道を踏みはずすことなく、〔四〕集めた財を保護し、〔五〕為すべきすべての事がらについて巧妙にして且《か》つ勤勉である。

〔三〇（続き）〕

第一に「仕事をよく処理し」、だいたい当時は、妻は夫の仕事を助ける家内工業、あるいは小さな店を開いている信徒が多かったですから、だから夫の仕事をよく処理するということです。第二に「眷属をよく待遇し」、親戚あるいは仲間内、その人々をよく待遇して、それで衣食に不自由のないようにしてあげる。第三に、「道を踏みはずすことなく」、さきほど申しましたように、これを西洋の学者は「姦淫することなく」と訳しておりますが、そうじゃないのです。もっと精神的な意味にとっておりますす。妻は夫以外の男を心のなかでさえも思わない、その倫理をいっているのです。

第四に「集めた財を保護し」、まあ、夫妻ともに苦労して財を集めたのですから、無駄遣いをしないで大切にする。第五に「為すべきすべての事がらについて巧妙にして且つ勤勉である」。妻はこういうぐあいに夫を愛するのだというのですね。

西方に相当する妻は、これらの五つのしかたによって夫から奉仕され、またこれらの五つのしかたで夫を愛するのである。このようにして、かれの西方は護られ、安全で、心配がない。〔三〇(続き)〕

友人・朋輩につくす

次に友人・朋輩についてです。

実に良家の子は、次の五つのしかたで、北方に相当する友人・朋輩に奉仕する。すなわち、〔一〕施与《せよ》と、〔二〕親しみあるやさしいことばと、〔三〕ひとのためにつくすことと、〔四〕協同することと、〔五〕欺《あざむ》かないこととによってである。〔三一〕

ここでわたしは「良家の子」と訳しましたが、これは直訳でして、漢訳の仏典では「善男子《ぜんなんし》」と訳しております。もとの意味は「よい家柄の子」という意味なのです。では、世間的な意味の家柄がいいことかというと、昔の仏教学者は、そうではなく、立派な行ないの人、心根の立派な人、それを「良家の子」と呼ぶのだと解釈しております。

ここで、五つのしかたで友人・朋輩に奉仕するというのですが、第一に「施与」、人に何かを施し与える、つまり「布《し》き施《ほどこ》す」のです。人に何か、ものをあげるということは、そのものの持っている徳をあまねく人々に及ぼして、布き施すことになる。自分だけで一人占めにしていては、そのものが死んでしまう。自分も持ち、人も用いるということによって、ものを生かしましょうという、その心根なのです。

第二に「親しみあるやさしいことば」、これを仏典ではしばしば「愛語《あいご》」と訳しております。愛のこもったことばです。人に対しては、愛情のこもったやさしいことばをかけなければいけない。これについて、わが国の道元《どうげん》禅師も説明しておられます。人に面と向かって愛情のことばを言われることは、その人の心を喜ばせる。また直接じゃなくて、その人のいないところで、どこかで愛情のこもったことばを発せられたということがその人の耳に達すると、「ああ、ありがたいことだな」と思いますね。だから、愛語にはよく「回天《かいてん》の力あり」、天をも翻《ひるがえ》し、回すだけの力があるということがいわれます。それを言っているのです。

第三に「ひとのためにつくすこと」、これを漢訳仏典では「利行《りぎょう》」と訳すことがあります。つまり、人のためになる、利益になることを行なう。だから、「利行」なのです。

第四に「協同すること」、人々に協力することですね。これは世の中で大事なことです。仏典ではしばしば、「同事《どうじ》」と訳しております。事を同じうするという意味です。

施し与えること、親しみあるやさしいことばを語ること、ひとのためにつくすこと、協同すること、仏典ではこの四つをしばしば、「四摂事《ししょうじ》」と訳します（布施摂・愛語摂・利行摂・同事摂）。つまり、この四つを実行することによって、人々を協力させることができる、共同体をなめらかに進展させることができるわけで、仏教ではこの「四摂事」を非常に重んずるのであります。

ところが、この『シンガーラへの教え』では、ほとんどすべてを五つの徳目にまとめていますね。だからやはり、もう一つ、付け加えるということで、第五に「欺かないこと」というのが入りました。これは真心のことです。真心があれば、人を欺くことはいたしません。よこしまな利己心があるときに、人を欺くわけです。だから、誠実な真心、それが「欺かないこと」として表現されているのです。

また、友人・朋輩は次の五つのしかたによって、良家の子を愛する。すなわち、〔一〕かれが無気力なときに、護《まも》ってくれる。〔二〕無気力なときに、その財産を護ってくれる。〔三〕恐れおののいているときに、庇護者となってくれる。〔四〕逆境に陥《おちい》ってもかれを捨てない。〔五〕かれののちの子孫をも尊重する。〔三(続き)〕

「かれが無気力なときに、護ってくれる」、具体的にはどんなことかといいますと、その注釈文献のなかで、おもしろいことが書かれています。人は酒を飲んで、酔っぱらって、道路の上で寝っころがっていることだってある。そのときに、「ああ、だれかがこの人を傷つけるようなことがあってはいけない、この人のものをだれかがとっていくことがないように」と思って、そばについて介抱してやる。そして、その酔っぱらった男が正気づいてから、送りとどけてやる——。そういうことまで書いてあります。つぎの「無気力なときに、その財産を護ってくれる」、これも結局、同じことを、ものに関していっているわけです。

「恐れおののいているときに、庇護者となってくれる」、だれかに脅《おびや》かされるというようなことがあったときには、護ってやるというのです。

そして、「逆境に陥ってもかれを捨てない」、これはわが国でもよくいわれることですね。わが国でも、昔から、「落ちぶれて袖に涙のかかるとき人の心の奥ぞ知らるる」などと申しますが、逆境のときに捨てないのが、ほんとうの友である。

さらに、「かれののちの子孫をも尊重する」、恩人の子孫のめんどうをみてあげる。大切にするということは、わたしども日本人のあいだで実際に行なわれている道徳ですが、南アジアでも同じなのです。西洋ではわりあいに個人主義だから、亡くなった人の子どもまでもということは、それほど強調されていないようにみえますが、実際にはそうした例はいくらもある。やはり、人情と申しますか、あるいは人の道というものは東西を通じて一貫したものがあると思います。

実にこれらの五つのしかたによって、良家の子は、北方に相当する友人・朋輩に対して奉仕する。また友人・朋輩はこれらの五つのしかたによって良家の子を愛する。このようにして、かれの北方は護られ、安全であり、心配がない。

〔三（続き）〕

主人と奴僕・傭人

それから第五の事がらといたしまして、主人と奴僕・使用人との関係です。

実に主人は、次の五つのしかたで、下方に相当する奴僕・傭人に奉仕しなければならぬ。〔一〕その能力に応じて仕事をあてがう、〔二〕食物と給料とを給与する、〔三〕病時に看病する、〔四〕すばらしい珍味の食物をわかち与える、〔五〕適当なときに休息させることによってである。

実にこれらの五つのしかたによって、主人は、下方に相当する奴僕・傭人に対し

て奉仕するのである。　〔三〕

自分の使用人をただ使うだけではなくて、奉仕の心をもって対するという。これはまことに尊いことですね。しかも、当時はいまよりいっそうカースト制が厳しかったわけですから、なおさらです。

これに対して、奴僕・傭人は次の五つのしかたで主人を愛さなければならない、といいます。つまり、表面だけ従っているのではいけない、心から愛する気持ちが必要であるというのです。

また、奴僕・傭人は、次の五つのしかたで主人を愛さなければならぬ。すなわちかれらは、〔一〕〔主人よりも〕朝早く起き、〔二〕〔主人よりも〕のちに寝《しん》に就き、〔三〕与えられたもののみを受け、〔四〕その仕事をよく為《な》し、〔五〕〔主人の〕名誉と称讃とを吹聴する。　〔三（続き）〕

最後の項は、「ああ、自分の主人というのはこんな立派ないい人ですよ」ということを、ほかの人々にも言い広めるということですね。

実にこれらの五つのしかたによって立派な主人は、下方に相当する奴僕・傭人に奉仕する。また奴僕・傭人はこれらの五つのしかたによって立派な主人を愛するのである。このようにしてかれの下方は護られ、安全で、心配がない。

〔三(続き)〕

こういうぐあいにするならば、「下方は護られ、安全で、心配がない」というわけです。

修行者・バラモンに対して

最後に、第六の事がらとして、修行者・バラモンに対する態度を述べます。

実に良家の子は、次の五つの事がらによって、上方に相当する修行者とバラモンとに奉仕すべきである。〔一〕親切な身体の行為、〔二〕親切な口の行為、〔三〕親切な心の行為、〔四〕門戸を閉ざさぬこと、〔五〕財物《ざいもつ》を給与することによってである。実にこれらの五つのしかたによって、良家の子は、上方に相当する修行者とバラモンとに奉仕するのである。〔三〕

当時の宗教家は、一般的な修行者とバラモンと、その二種類でした。これはそれに対する道を説いているのです。身体でも、ことばでも、心のなかでも、親切でなければいけない。そして、門戸を閉ざさず、財物を給与するというのです。

これに対して——

また、修行者とバラモンとは、次の六つのしかたによって、良家の子を愛するのである。すなわち、〔一〕悪から遠ざからしめ、〔二〕善に入らしめ、〔三〕善い心をもって愛し、〔四〕いまだ聞かないことを聞かしめ、〔五〕すでに聞いた事がらを純正ならしめ、〔六〕天への道を説き示す。実にこれらの五つのしかたによって、上方に相当する修行者とバラモンとは良家の子によって奉仕され、また修行者とバラモンとはこれらの六つのしかたによって良家の子を愛するのである。このようにしてかれの上方は護られ、安全であり、心配がない。

〔三（続き）〕

最初の三つはおわかりですね。そして第四「聞かないことを聞かしめ」、つまり、インフォメーションを与えるということになります。第五「すでに聞いた事がらを純正ならしめ」、まちがいのないようにしてやるということ。第六「天への道を説き示す」、これは当時の人々は、善いことをすれば天の世界に生まれると信じていましたから、そのような道を明らかにしてやるということです。お互いにこういうぐあいにしたならば、「上方は護られ、安全であり、心配がない」。

最後に、結びとして、ブッダはこう言います。

父母は東方である。

師は南方である。

妻子は西方である。

友人・朋輩は北方である。
奴僕・傭人は下方である。
修行者・バラモンは上方である。
一族の中で有能な家長は、これらの方角を拝すべきである。　〔三四〕

ブッダはシンガーラに対して、こういう六とおりの人間関係において、ほんとうの人間としてなすべきこと、あるべき姿を実現して実践する、それが方角を拝むということだ、と教えました。たんに形式的に拝むというのではいけない、と諭《さと》しているのです。

第9回

生きていく道

——『シンガーラへの教え』(2)

灯明に火を点す在家信者たち　ケラニヤ寺院，コロンボ．

『シンガーラへの教え』につき、前回は、「父母」「師」「妻子」「友人・朋輩《ほうばい》」「奴僕《ぼく》・傭人《ようにん》」「修行者・バラモン」との人間関係についての教えのことばを味わってみました。この経典のなかには、個別的な人間関係を離れて、人間であるならば必ず守らねばならぬような教えも説かれております。今回は、人間一般が心がけねばならない教えにつき、味わってみることにいたしましょう。

十四の罪悪からの離脱

ブッダはシンガーラに向かい、次のように言われました。

資産者の子よ。立派な弟子が四つの行為の汚《けが》れを捨て、四つのしかたで悪い行為をなさず、また財を散ずる六つの門戸になずまないならば、かれはこのようにして十四の罪悪から離脱し、六つの方角を護《まも》る。かれはこの世およびかの世にうち勝つために実践しているのであり、この世とかの世とはかれに征服されている。かれは肉体が滅《ほろ》びたのち、死後に、良いところ、天の世界に生まれる。〔三〕

「資産者の子」とは、つまりシンガーラのことですね。ここに「十四」とあるのは、これから説明される「四つの行為の汚れ」「四つのしかたでの悪い行為」「財を散ずる六つの門戸」を合わせた数です。その十四の悪いことから離れて、「六つの方角を護る」、そうすると、「この世とかの世とはかれに征服され」「肉体が滅びたのち、死後に、良いところ、天の世界に生まれる」というのです。

つまり、この世で正しいことを行ない、さらに来世のためにも功徳を積む、そういう実践をしているのだから、この世でも勝利者となり、来世においても勝利者になる。ここに「良いところ」「天の世界」に生まれるとありますが、「良いところ」というのも、「天の世界」というのも同じことです。願わしいところ、それを「良いところ」と呼びまして、具象的な連想をともなって「天の世界」と呼ばれておりました。ここには当時の信仰が生かされているのです。

では、具体的にこの十四といわれたものはどういうことか。それをこれから検討することにいたしましょう。

四つの行為の汚れと四つの悪い行為

立派な人が捨て去るところの四つの行為の汚れは何であるか、つまり四つの悪いことは何であるか。それは次のようなものであると説きます。

では、かれの捨て去った四つの行為の汚れとは何であるか？　資産者の子よ、生きものを殺すこと、与えられないものを取ること、欲望に関する邪《よこしま》な行ない、虚言《きょげん》――は、行為の汚れである。これらの四つの行為の汚れを、かれは捨て去っているのである。〔三(続き)〕

「生きものを殺すこと」、これが「四つの行為の汚れ」の第一です。これを仏典では「殺生《せっしょう》」と申します。人間を殺すことがもっともよくないのですが、もっと広く、われわれに近い生きものにも慈しみの心をもって、殺さないようにつとめるということです。

第二に「与えられないものを取ること」、これは盗みのことです。盗みとは結局、与えられないものを取ることですね。かりに法律にはひっかからなくても、所有者が承認しないのに、他の人の財を勝手に取ってしまう、これはよくないことです。いわんや、人に害を与えることや、法律にひっかかるようなことが悪いことはいうまでもありません。このことは、今日のような時代では、大きな地球的規模において考えられねばならないことでしょう。この地球というものは、われわれ人間が幸せに暮らしていけるようにと、目に見えぬ力によって与えられたものです。それを一部の人々がその富を占有しているとか、さらに強国が弱い国を圧迫して利権をとるとか、あるいは領土に厳しい隔てを設けているということは、やはり、与えられないものを取るということになっているのではないでしょうか。現在のわれわれとしては、新しい文明の時代に即して、いろいろ考えねばならないことがあると思われます。

第三に「欲望に関する邪な行ない」、これは具体的には、とくに男女関係をさしています。男女関係を乱さないということです。

第四に「虚言」、嘘ですね。嘘を言ってはいけない、嘘を言うことは行為の汚れであるというのです。人は真実を語るべきである。真実を語らないときにそれが偽り、虚言になるわけです。ただ、現実の世界においてはなかなかむずかしい問題にぶつかります。たとえば、悪者がやってきて脅した場合に、相手にいろいろ告げていいかどうか、あるいは病の重い人に向かって、その人が自分の病気はどうかと聞いたときに、何と答えたらいいか。場合にもよりますが、後者の例では、たとえ重病でも「あなたの病は軽いです、しっかりなさい」と答えるときがありますね。これは相手に対して真心を持っているからこそのことです。真心を持っているがゆえに、その人のためにならないことは言わない、ということも起こりうるのです。こういうのをどう考えたらいいか。

経典の他の個所にも説かれておりますが、ほんとうに真理に達した人は、もしも相手のためにならないことであるならば、語らない、告げない。しかし、相手のためになることであるならば、たとえ相手の人が不愉快に思うことでもあえて言うことがある、そう説かれていることがあります。所詮《しょせん》、その根本は真心に由来するのです。真心を持っていれば、人に対して嘘をつくということもないわけです。ですから、仏典ではもちろん、バラモン教の聖典などでも、この嘘をつかないということを、「真実」

「真心」ということばで表現していることがあります。

この四つのこと、そういう四つの過ちを犯さないようにして、それを捨て去る――ブッダはこのように説かれました。さらに次の節ではこう言います。

幸《さち》ある人、師はこのように説いたあとで、さらにまた次のように言った、

「殺生と盗みと虚言と言われるものと、

他人の妻に近づくこととを、

聖者は称讃しない。」〔四〕

「幸ある人、師」とはブッダのことです。「殺生」「盗み」「虚言」「他人の妻に近づくこと」、これはさきほどみたのと、結局同じことです。男女関係を乱すことのうらでも、他人の妻に近づくということはいちばん悪いことですから、それをここではとくに挙げているのです。

それから次に、悪いことをするのはなぜか、ということを説きます。

いかなる四つのしかたによって人は悪い行ないをしないのであるか？　貪欲《とんよく》により、怒りにより、迷いにより、恐怖によって非道《ひどう》を行くがゆえに、ひとは悪い行ないをなすのである。それゆえに立派な弟子は、決して、貪欲により、怒りにより、迷いにより、恐怖によって非道に行くことがない。これらの四つのしかたによって、かれは悪い行ないをしないのである。〔五〕

「貪欲」、むさぼりの心ですね。執著《しゅうじゃく》して、欲しいと思う。それから「怒り」。そして「迷い」、ボーッとして悪いことをすることがあります。第四に「恐怖」、びっくりして恐ろしく思い、あるいは人から脅されてそれでやはり悪いことを行なう。だから、立派な弟子は、決して貪欲に迷わされることがなく、怒りに引きずられることもなく、迷いによってまちがったことをすることもないし、恐れおののいたからといって悪いことを行なうことはない、そういうのです。これは先に挙げました四つの悪い行ないに陥る心理的な根拠を挙げて、いちおうまとめているのです。

仏教では「貪欲」と「怒り」と「迷い」、これを人を害《そこ》なうものとして、「三毒《さんどく》」(貪《とん》毒《どく》・瞋毒《しんどく》・痴毒《ちどく》)と申します。ここでは、これに「恐怖」を加え、それで四つとしているわけです。

財を散ずる六つの門戸

次に、財産を失う六つの行為が述べられています。「人の近づいてはならぬところの、財を散ずる六つの門戸とは何であるか？」として、次のように言います。

〔一〕酒類など怠惰《たいだ》の原因に熱中することは、実に、資産者の子よ、財を散ずる門戸である。
〔二〕時ならぬのに街路を遊歩することに熱中するのは、財を散ずる門戸である。
〔三〕〔祭礼舞踊《さいれいぶよう》など〕見せものの集会に熱中するのは、財を散ずる門戸である。
〔四〕賭博《とばく》という遊惰《ゆうだ》の原因に熱中することは、財を散ずる門戸である。
〔五〕悪友に熱中することは、財を散ずる門戸である。
〔六〕怠惰にふけることは、財を散ずる門戸である。〔七〕

第一に、飲酒にふけって飲んだくれになる、そうすると、人はお金のことを構わないで、どんどん費消してしまいます。そのことをいっているのです。

第二に、「時ならぬのに街路を遊歩する」、つまり夜遅く、人がもう眠っているときに街路を歩きまわる、これはロクなことはない。それを戒《いまし》めている。

第三に、祭礼舞踊など、楽しい催しがあるからといって、そればかり見ていると仕事もできなくなる。

第四に、「賭博」に熱中することへの戒めです。古代インドでは、インダス河の流域を中心にしてインダス文明が栄えましたが、その頃から賭博があったことが知られています。モエンジョ・ダーロとかハラッパーとか、昔の大都市が発掘されていろいろのものが出ておりますが、そのなかに六面体のサイコロがあるのです。日本のサイコロとそっくりです。その賽《さい》の目、サイコロを使って、インド人は博打《ばくち》を行なっていました。自分の財産はもちろん、果ては妻子までも賭ける。こうして何もかも失ってしまった人の話というのを物語のなかにいろいろ見出すことができます。

わたしの見聞でもこんなことがありました。戦後まもなく、パキスタンとインドが分離した頃のことで、逃げてきた難民がたくさんいたわけですけれども、子どもたちがお城の遺跡で何かをやっていたんですね。そのとき、わたしを案内してくださった大学の先生が子どもたちを叱っているのです。何かと思ったら、博打をやっていたのです。だからもう、はるかインダス文明の昔から今日にいたるまで、博打の害毒はずっと流れている。これはけっして、インド人にかぎることではなく、ひとごとではありません。わが国だって、同じようなことが言えるのではないですか。

第五に、悪友に誘われて財産を失ってしまうことがあるということ。

第六に、怠けてしまう、働くのがいやだという怠惰の心です。とくに、お酒を飲んで何もかも失ってしまう。そういう人を戒めたことばがここに引かれております。

財なく無一物なのに、
酒が飲みたくて、酒場に行って飲む呑んだくれは、
水に沈むように負債に沈み、
すみやかにおのが家門《かもん》をほろぼすであろう。
白昼に眠るのを常とし、
夜は起きるものと思い、

常に泥酔《でいすい》にふける者は、
家を確立することができない。
寒すぎる、暑すぎる、遅すぎる、と言って、
このように仕事を放擲《ほうてき》するならば、
利益は若者から去って行くだろう。
寒さをも暑さをも、さらに草ほどにも思わないで、
人としての義務をなす者は、
幸福を逸することが無い。〔一四〕

ここに「水に沈むように負債に沈み」とありますが、当時はもう、貨幣経済が進展していましたから、借金をすることが行なわれていたのです。だからでしょうが、修行を完成した立派な人を讃えて言われているひとつの形容語に、「借金のない人」というのがあるのです。もちろん、譬《たと》えですが。

「常に泥酔にふける者は、家を確立することができない」、ここで酒の話が出てきますので、少しふれましょう。「酒を飲むな」という教えは、仏典のなかにくりかえし

説かれております。

さきほど、みましたように、「殺生」「盗み」「嘘」「男女関係を乱すこと」の四つを、とくに人間が注意しなければならない悪いこととして戒められたのでありますが、それに酒を飲むなというのがつけくわえられまして、そこで仏教でいう五戒《ごかい》(不殺生戒《ふせっしょうかい》・不偸盗戒《ふちゅうとうかい》・不邪淫戒《ふじゃいんかい》・不妄語戒《ふもうごかい》・不飲酒戒《ふおんじゅかい》)がきめられています。この五戒は、仏教徒であるかぎり守らねばならぬ戒めで、少なくとも名目的には、いかなる国の仏教徒でもこれを奉ずるということになっております。

ただ、最初に挙げました四つと最後につけくわえられた「酒を飲むな」とは、ちょっと重みがちがうのじゃないか、そういうことが当然いわれるのです。たしかにそうですね。教義学者は次のように区別しております。

「殺生」にはじまる最初の四つは、「性罪《しょうざい》」といいます。「あの人は性根《しょうね》がどう」なんていう、あの「性」です。嘘を言ったり人を殺したりするというのは、それ自身悪いことなのです。だから「性罪」という。ところが、お酒を飲むということは、それじたいが悪いというわけではない。けれども、過ごしてはいけない。それで、教義学者はこれを「遮罪《しゃざい》」と呼んでおります。つまり、「あんまり飲みなさるなよ」といって遮《さえぎ》るわけですね。そこに重みのちがいがあるのです。

南方アジアの人はこの「酒を飲むなかれ」という戒律を厳しく守っております。仏教諸国はもちろんのこと、ヒンドゥー教徒の多いインドでも、公《おおや》けの会合のときにはけっして酒類を出しません。ところが、風土が変わりまして北のほうへ行くと、北のほうの国々は寒いですから、そこで「ああ、きょうは寒い寒い、まあ、少々は……」というようなことで、酒類はわりあい大目に見られるようになりました。たとえば、韓国のお坊さん方は戒律を厳重に守っていますが、非常に寒いとき、お酒を少々飲むことは許されるのです。「酒を飲むなかれ」という戒めはわが国にも伝えられておりますから、ご承知のように、お坊さんは「お酒」と言わず、「般若湯《はんにゃとう》」と言います。「般若」とは「智慧《ちえ》」ということです。酒はいけないが、智慧を生ずる湯ならかまわないという、そういう逃げ口上ではありますが、戒律と風土とは、いろいろ関わりあう事がらなのです。

いずれにせよ、「寒さをも暑さをも、さらに草ほどにも思わないで」、もう草の小さな切れはしほどにも気にかけないで、「人としての義務をなす者」、つまり働くものは「幸福を逸することが無い」というのです。

友人について

さらに友人関係についても、いろいろおもしろいことを説いております。

次の四種は敵であって、友に似たものにすぎない、と知るべきである。すなわち、〔一〕何ものでも取って行く人、〔二〕ことばだけの人、〔三〕甘言《かんげん》を語る人、〔四〕遊蕩《ゆうとう》の仲間は敵であって、友に似たものにすぎない、と知るべきである。〔一五〕

「何ものでも取って行く人」「ことばだけの人」「甘言を語る人」「遊蕩の仲間」、この四つは敵であって、ほんとうの友ではない。ブッダゴーサは、これをさらに詳しく説いております。

「何ものでも取って行く人」というのは、「なんでも品物を選ばずに取って行く。それから、わずかのものを与えて多くのものを得ようと願う。ただ、恐怖のために義務をなす、叱られやしないかと思ってビクビクして仕事をする。自分の利益のみを追求する」。「恐怖のために仕事をする」というのを、ブッダゴーサは重ねて説明し、つねには仕事をしないのであるが、恐怖が起こったときにする、真心をもってするのではない、というのです。

「ことばだけの人」というのは、「第一に過去のことに関して友情を装う。第二に未来のことに関して友情を装う。第三に利益になることを言って取り入る。第四になすべきことが眼前に迫ると、つごうが悪いといって逃げてしまう」。このうち、最後のものはこう説明されております。たとえば「わたしは車が入用である」というと、「ああ、その車の輪が壊れている」「軸が壊れている」などといって言い逃れることだというのです。これは現代にもよく当てはまることですね。

「甘言を語る人」というのは、「第一に相手の悪事に同意する。第二に善事には同意しない。第三にその人の面前では讃美し、第四に、その人の背後、その人のいないところではその人を悪く言う」。

「遊蕩の仲間」というのは、「第一にもろもろのお酒など、怠惰の原因にふけるときの仲間である。第二に時ならぬのに街路をぶらつき回る、そういう仲間。第三に祭礼・舞踊などの賑やかな集まりがあるときに入り込んでいる仲間。第四に賭博など遊惰な事がらにふける仲間である」。そういうようなことを言っております。

では、ほんとうの友とはどういう人であるか。

これらの四種類の友人は親友であると知るべきである。すなわち、〔一〕助けてくれる友、〔二〕苦しいときも楽しいときも一様に友である人、〔三〕ためを思って話してくれる友、〔四〕同情してくれる友は親友であると知るべきである。

あたかも母がおのが子をいつくしむがごとく。〔三六〕

これも、さらに詳しく説明されております。

まず、「助けてくれる友」というのは、「友が無気力なときに護ってくれる。それから友が無気力なときにその財産を護ってくれる。第三に友が恐れおののいているときにその庇護者となってかばってやる。第四になすべきことが起こったときに必要とする二倍の財を寄付してくれる」。「友が無気力なときに護ってくれる」というのをブッダゴーサはこう説明しています。途中で酒を飲んで、村のなか、村の入り口、または道路の上に倒れこんだのを見て、「ああ、だれかが下着と上着を持って行くかもしれない」と思って、その人のためにかれの近くに坐っていて、かれが酔いからさめたときに彼を連れていく、そういう親切な友である、と。それから、「なすべきことが起こったときに必要とする二倍の財を寄付してくれる」というのは、ブッダゴーサによりますと、こうなります。なにか仕事があるとき、友が自分の近くへやってきた。「なぜきみはここへきたんだい？」「王さまのうちに仕事があるんだよ」、「どれだけもらえるんだい？」「一両さ」、「あ、町の仕事は一両じゃすまない、二両もらえ」、そう言って、二倍の収入があるようにしてやる。

「苦しいときも楽しいときも一様である友」というのは、こういう四つのしかたによる。「第一にかれに秘密を告げてくれる。第二にかれの秘密を守ってくれる。第三にかれが困窮《こんきゅう》に陥ったときにもかれを捨てない。第四にかれのためには生命をも捨てる」。

「ためを思って話してくれる友」というのはつぎの四つのしかたによる。「第一に悪を防ぐ。第二に善に入《い》らしめる。第三にまだ聞かないことを聞かせてくれる。第四に天に至る道を説いてくれる」。

「同情してくれる友」というのは、つぎの四つのしかたによる。「第一にその人の衰《すい》微《び》、衰えるのを喜ばない。第二にその人の繁栄を喜ぶ。第三に他の人がかれをそしるのを弁護してくれる、第四に他の人がその人を称讃するのを広めてくれる」。「他の人がかれをそしるのを弁護してくれる」というのは、ブッダゴーサによりますと、「ああ、あの人はどうも醜いし、愛想はよくないし、生まれは悪いし、品行も悪い」なんてだれかが言ったときに、「まあ、そう言うな、かれは端麗《たんれい》だし、愛想もいいし、生まれもよいし、品行方正だ」などと言って、他人が自分の友人をけなして言うのを防いでくれる、そういうぐあいに事細かに述べております。

そして、根本にある心持ちとして「あたかも母がおのが子をいつくしむがごとく」、そういう気持ちでもって対してくれる友だというのです。

これに続けて、ブッダはつぎのように説きます。

戒《いまし》めをたもっている賢者は、
〔山頂に〕燃える火のように輝く。

蜂《はち》が食物を集めるように働くならば、
〔かれの〕財はおのずから集積する。〔二六(続き)〕

一生懸命努力し精励《せいれい》であること、それを仏典では勧めているのです。財がおのずから集まるということ、それを尊んでおります。それは――

あたかも蟻《あり》の塚の高められるようなものである。
このように財を集めては、
かれは家族に実に良く利益をもたらす家長となる。〔二六(続き)〕

家族を守るわけです。そして、集めた財産をどうするかといえば――

その財を四分すべし。〔そうすれば〕かれは実に朋友《ほうゆう》を結束する。
一分の財をみずから享受《きょうじゅ》すべし。
四分の二の財をもって〔農耕・商業などの〕仕事を営むべし。

また〔残りの〕第四分を蓄積すべし。
しからば窮乏《きゅうぼう》の備えとなるであろう。
〔二六（続き）〕

財産を四つに分けろというのです。まず、四分の一のものは自分で使っていい、楽しんでいいという。それから四分の二の財をもって、農耕・商業などの仕事を営め、それから残りの四分の一は蓄積しておけというのです。万一の場合の備えですね。

こういうぐあいにすれば、「かれは実に朋友を結束する」、つまり友情を増すことができるというのです。やはり、こちらにゆとりがなければ、友人を助けることはできないわけですから。

このようにして財を蓄積するということ、これを仏教では願わしいこととして、世俗人のためには説いていました。財を尊んでいたわけです。けっして、ただ捨ててしまえと言ったのではありません。出家者は何もかも捨て去る、そして協同の生活を実現したのですが、世俗の人はそうじゃありませんから、それぞれ、家を単位にして生活の方針を立てるというわけです。

そして――

学識あり、戒めを身にそなえ、
柔和《にゅうわ》で、才智あり、謙譲《けんじょう》で、ひかえめの人、――
かくのごとき人は名声を得る。
勇敢で怠ることなく、
逆境に陥ってもたじろがず、
行ないを乱さず、聡明《そうめい》である人、――
かくのごとき人は名声を得る。
人々をよくまとめ、友をつくり、
寛大で、もの惜しみせず、
導き者、指導者《て》、順応して導く人、――
かくのごとき人は名声を得る。

〔三四〕

名声を得るというのもいいことであると言います。
さらに、基本的な態度として四つ挙げております。

〔一〕施《ほどこ》し与えることと、
〔二〕親愛のことばを語ることと、
〔三〕この世でひとのためにつくすことと、
〔四〕あれこれの事がらについて適当に協同すること、
これらが世の中における愛護《あいご》である。あたかも回転する車の轄《くさび》のごとくである。
もしも右の四つの愛護を行なわないならば、
母も父も、母たり父たるがゆえに子から受けるべき尊敬も扶養《ふよう》も得られぬであろう。
もろもろの賢者はこれらの愛護をよく観察するがゆえに、
かれらは偉大となり、
称讃を博するにいたるのである。

〔三〕〔四〕（続き）

「施し与えること」は、つまり「布施《ふせ》」ですね。「親愛のことばを語ること」は、すでに申し上げましたように「愛語《あいご》」。「この世でひとのためにつくすこと」は「利行《りぎょう》」

です。「あれこれの事がらについて適当に協同すること」は「同事《どうじ》」。つまり先ほど申した「四摂事《ししょうじ》」です。

「あたかも回転する車の轄のごとくである」とありますように、これが世の中が回転していくもとだというのです。「もしも右の四つの愛護を行なわないならば、母も父も、母たり父たるがゆえに子から受けるべき尊敬も扶養も得られぬであろう」、親でさえも、子に対してはこういう気持ちを持つべきである、まして世間の人と付き合っていくには、なおさら必要だというのです。

シンガーラの称讃

ブッダにこのように説かれたシンガーラは、感激して、次のように答えます。以下に出てくることばは、経典にたびたび出てくる、いわば決まり文句です。

みごとです、尊師よ。みごとです、尊師よ。あたかも倒れたものを起こし、あるいは隠されたものを顕《あら》わし、あるいは迷える者に道を示し、あるいは「眼《まなこ》ある者は色を見るであろう」と言って暗黒の中に油の灯をかかげるように、そのように世尊《せそん》は種々のしかたで法を説き示されました。尊師よ。わたしは世尊に帰依《きえ》し、また法と比丘《びく》のつどいとに帰依したてまつる。願わくは、世尊がわたしを、今日より以後、いのちある限り、帰依する信徒として受けたまえ。〔三五〕

つまり、「仏」と「法」と修行者の集い＝「僧」、この三つに帰依するというのが仏教徒の印です。「三宝《さんぽう》」と申します。

三宝に帰依し、「願わくは、世尊がわたしを、今日より以後、いのちある限り」、生きている限り、わたしを「帰依する信徒」としてお受けください、そう申したということで、この経典が終わっております。

今日のわれわれが読んでみましてもいろいろに教えられることが多い経典です。

第10回

アショーカ王のことば
――岩石詔勅

アショーカ王の岩石詔勅 プリー，オリッサ州(かつてのカリンガ国)．全面に文字が彫られている．

マウリヤ王朝第三代の名君アショーカ王（おそらく紀元前二六八〜二三二年ころ在位）は、多数の岩石や石柱に詔勅文を刻み込んで、自分の政治理想を人民に徹底させようとした。このような詔勅文は、インド各地で発見され、四十数点に及んでいる。ここに取り上げるのは、岩石詔勅の中の「一四章からなる詔勅」中の三つの章である。なお、『インド史Ⅱ』（中村元著。「中村元選集（決定版）」第六巻所収、春秋社）に全文が収録されている。

アショーカ王とは、紀元前三世紀にインド全体を統一したマウリヤ王朝の第三代目の王さまです。仏教を保護宣布《せんぷ》したことでも有名で、第三回の仏典結集《けつじゅう》（仏滅後、教団の代表者が集まってなされた経典編集）を行なったとされています。

かれは高い理想を抱いていた帝王でありました。そこで、自分の思うところを、詔《しょう》勅《ちょく》文のかたちで多数の岩石・石柱に刻みました。ブッダの誕生地ルンビニーに石の柱を立てたことはよく知られていますが、これまでにインド各地で見つかったアショーカ王の石柱やその断片は二六本ほどあります。このうち、もっとも有名なのは、あとでご説明するデリー郊外のフィーローズ・シャーというイスラム王の城にある石柱です。

このアショーカ王の詔勅はほぼ解読されており、かれの高い政治理想をうかがうことができます。

石柱の発見と解読

ブッダの時代もそうでしたが、インドのなかには多数の国々がありました。それが、マウリヤ王朝によって初めて統一されます。その事情とはこういうものでした。

ギリシアのアレキサンドロス大王(アレクサンダー大王)が紀元前三二七年、西北インドに侵入いたします。今日で申しますとパキスタンの北部のほうです。ところが、もう、これ以上侵入しようとしても不可能だったので、かれは軍をまとめてインダス河を下り、バビロンに戻ります。そして、かれはそこで亡くなりました。その後、アレキサンドロスの領地は四つの国に分かれます。そのうちの一つ、シリアの王さまであったセレウコス・ニーカトールという人が、またアレキサンドロス大王以上のことをやろうという気構えで、インドの土地に侵入してきたのです。

これを迎え撃ったのが、マウリヤ王朝の創始者、チャンドラグプタという王さまです。戦いの結果、雌雄《しゆう》は決せず、ついに和を講じて仲直りをしました。その条件というのは、セレウコスは今日のパキスタン、アフガニスタンあたりの国々全部をチャンドラグプタに引き渡す。のみならず、自分の王女、娘をチャンドラグプタの都へ送ってお后とする。これは体《てい》のいい人質です。それに対して、セレウコス王は何をもらったかといいますと、その代償は象五〇〇頭でした。象は当時の古代文明において、最強の戦力だったのです。

つまり、ギリシア軍はインドに入ってきて、象軍に悩まされた。「これはもうじつにすばらしい武力だ」と思って、セレウコスはそれをもらったわけです。かれはこの象五〇〇頭を船に積み、シリアの戦線に送って、そこで大勝利を博しています。それがこんどは西のほうに影響を及ぼして、ポエニ戦役《せんえき》のときには、カルタゴのハンニバルがこの象軍を連れてピレネー山脈を越え、ローマに侵入しました。そこにはひとつの歴史的な連関があるのです。

ということで、チャンドラグプタのお后がセレウコスの王女であることは歴史の書物にはっきり記されているのですが、そうすると、あるいは彼の孫であるアショーカ王はその血を受けていたのかもしれません。ともかくアショーカ王は、生まれながらにしてコスモポリタン的な非常に視野の広い識見を持っていた王でした。

さて、そのアショーカ王が詔勅を刻ませた石柱で、もっとも有名なのが、冒頭で申し上げたように、いまデリー郊外にある、フィーローズ・シャー(在位一三五一～一三八八年)という王さまの建てた宮殿兼お城の屋根の上に残っております。これは、このフィーローズ・シャーがトープラという村を旅行していたところ、すばらしい柱が建っているのを見つけ、たいへん多くの労働者を動員して、一三五六年に自分の宮殿へ持ってきたものです。

当時はもう、アショーカ王時代のことばは読めません。しかし、王さまとしては、柱の表面にある文字を読みたい、何が書いてあるのだろうと思うわけですね。学問のあるのはバラモンだと認められていますから、そこで二人のバラモンの学者が呼び出されました。碩学《せきがく》の誉れの高いバラモンとしては、読めないとはいえない。しばらくジッと見つめて、こう言ったそうです。「王さま、わかりました。ここには、こう書いてあります。『未来の世の中に、フィーローズ・シャーという偉大な帝王があらわれてこの柱を動かすまで、何人も動かしえないであろう』と予言されています」。笑い話のような話ですね。

実際に読んだのは、イギリス人のプリンセプという学者です。何を手がかりとしたかといいますと、西北インド、つまり今日のパキスタンの北のほうに、ギリシア人の王さまが大勢入ってきて、貨幣を発行していますが、これは表はギリシア文字、裏はインドの文字で書かれているのです。両方を比べてみると、同じことが書いてあるだろうと見当がつく。ギリシア文字は当時読めていましたから、それが手がかりになった。そして、ついに昔のインドの文字が解読され、今日ではアショーカ王の詔勅文はいちおう解読されております。もっとも、そこに書かれていることについては、まだ学者のあいだでいろいろ意見が分かれておりますが。

また、当時のインドのことばで書かれていたものばかりではなくて、アフガニスタンからはギリシア語で書かれたものも見つかっています。当時の商用語であったアラム語で書かれた詔勅文の破片も発見されています。このことからも、アショーカ王の帝国が非常に国際的であり、かれ自身、高い理想を抱き、広い視野を持っていたことがうかがえます。

悔恨を語る帝王

詔勅文はかなり長いものですので、そのなかの重要な個所をごいっしょに読んでいきたいと思います。詔勅の第一三章は次のようにはじまります。

〈神々に愛された温容《おんよう》ある王〉は、即位灌頂《そくいかんじょう》から八年たってのちに、カリンガ国を征服した。

「神々に愛された温容ある王」、これはアショーカ王のことをいうのです。王さまというものは、ただいかつく、力を行使するだけのものであってはいけない、神々に愛されるよき人でありたい、そして、顔つきも温容でありたい――それを理想として、自分の名前としていたのです。

「即位灌頂」とありますが、これは即位式がバラモン教の儀式によって行なわれたことを意味しています。古代インドの即位式は、頭の上に水を注ぐ、つまり水ガメのなかに水を入れて、それを王位に就く王さまの頭の上に注ぐのです。この儀式を「灌頂」といい、それが後に真言密教《しんごんみっきょう》にとり入れられて、日本にも渡ってまいりました。日本でも真言密教では灌頂ということを行ないますね。また、宮廷でも行なわれたことがあります。また、最近でいいますと、一九七五年に行なわれたネパールの王室での即位式で、一六の川から神聖な水を集めてきて、水ガメのなかに入れ、それをあらたに即位する王さまの頂《いただき》にバラモンが注ぎました。だからこの儀式は、アショーカ王のころから現在にいたるまでずっと続いているわけです。

カリンガ国というのは、いまのオリッサ州のあたりでして、コルカタ（カルカッタ）の西南です。ベンガル湾に面しております。そこだけがまだ、マウリヤ王朝の支配下に入っていなかった。だからそこを征服したのです。その戦争の結果――

そこから〔捕虜として〕移送された人々は一五万ほどの数である。またそこでは一〇万ほどの数の人々が殺され、その幾倍もの人々が死んだ。

たいへんな数です。戦争のときに死者が出ることは、これはもうどこの国でもみられることでありますが、なぜ移送したか、これは奴隷としてその労働力を利用したのだろうと思います。

それから以後、今はカリンガ国はすでに領有されているから、熱烈な法の遵奉《じゅんぽう》法に対する愛慕《あいぼ》、法の教えさとしを〈神々に愛された王〉は行なっている。それは、カリンガ国が征服されたことについての〈神々に愛された温容ある王〉の悲嘆悔恨《ひたんかいこん》である。なんとなれば、以前には征服されていなかった国を征服するならば、そこでは人々の殺戮《さつりく》、または死亡、または移送が起こる。それを〈神々に愛された王〉はいたく苦痛と感じ、また苦悩と思うのである。

アショーカ王の理想とは、人間に理法《りほう》があるように、国にもやはり守らねばならない法があるはずだと考え、それにもとづいて政治を行なおうというものでした。政治は法の理想にもとづくもので、勝手気ままなことをするのではない、というのです。それにしても、「ああ、戦争とは残酷なものだ、自分は悪いことをした」と思って悔いているのです。かれはさらに、戦争の悲惨を詳しく述べます。

しかし〈神々に愛された王〉がそれよりもさらに苦悩を感じることとは、そこに住するバラモンあるいはシャモンあるいは他の宗教の人々、あるいは在家者《ざいけ》であって、かれらのあいだでは、長者《ちょうじゃ》に対する柔順、母と父とに対する柔順、恩師に対する柔順、朋友《ほうゆう》・知己《ちき》・同僚・親族および奴僕《ぬぼく》・傭人《ようにん》に対する正しい取り扱いを行ない、堅固な信仰をもつ人々が、その〔戦争の〕際に災害または殺戮を受け、あるいは愛する人々と別離したということである。

つまり、出家している宗教家でもあるいは世俗の人々でも、立派な人がいたけれども、それがその戦争の際に被害を受け、あるいは愛する人々と別離したということを言います。ちなみにシャモンとは、非バラモン系統の遍歴修行者のことです。愛する人々との別離の悲しみということは、日本でも戦争のときに痛感したことですね。そこには人間としてのみごとな徳を実践していた立派な人々がいたとして、かれけその徳について、具体的に挙げています。

まず、「長者に対する柔順」、これは年長者に対して柔順であるということです。年齢に対する尊敬という観念は、東アジアの漢民族・朝鮮民族・日本民族など、みなに見られますが、インドではことに顕著です。おそらく古い時代から定住社会を構成していて、年長者の持っている経験というものが重んぜられ、それに対する報恩《ほうおん》の気持ちが人々のあいだにゆきわたっているためでしょう。

それから、「母と父とに対する柔順」については、中国では孝の徳として説かれております。わが国でも親孝行ということを申します。ただ、インドでは両親のことを「母と父」というのです。これは前にもちょっとふれました。古い時代のインドへ入ってきたアーリア人は、「二人の父」という言い方で両親のことを言いあらわしていたことからもわかるように、家父長制で、父が中心でした。ところが、インドのもともとの人たちはむしろ母系制で、母が中心です。だから、両親のことを言う場合にでも、母を先に挙げます。仏典が漢訳されると、中国は家父長制ですから、「父母」と順序を改められております。

それから、「恩師に対する柔順」、これも東洋の諸民族にみられることですが、東洋人だけでなくて、西洋人にだって、やはりそういう気持ちはあります。わたしがアメリカにいたときの経験で、ある学者をわたしが訪ねると言いましたら、別の立派な学者がこう言うのです。「ああ、あの先生によろしくお伝えしてください。あの先生はわたしの先生でした。どうもここのところ御無沙汰していますから、御無沙汰のお詫びを伝えておいてください」。「アレッ、日本人と同じことを言うな」と、わたしは感じたことがございます。

さらに、「朋友・知己・同僚」「親族」「奴僕・傭人」に対して、正しい取り扱いを行なっている人たちのこと。

彼らの正しい行ないの奥には、しっかりとした信仰があるはずであり、そうした堅固な信仰をもつ立派な人がいたのに、かれらを悩まし、はては殺したりした。悪いことをしたといって、かれは悔やんでいるのです。

そうして、たとえかれら自身は好運により無事を得ても、かれらの愛情がかつて減少することのなかった朋友・知己・仲間・親族が災禍《さいか》に陥り、それによってその災禍がまたかれらの災厄《さいやく》となるということであった。これは、すべての人々の蒙《こうむ》る運命であったし、また〈神々に愛された王〉が悲痛と感じたことであった。

「好運により無事を得ても」、殺されないで生きていたとしても、「かれらの愛情がかつて減少することのなかった朋友・知己・仲間・親族が災禍に陥り、それによってその災禍がまたかれらの災厄となるということであった」。それはそうでしょう、戦争となれば多かれ少なかれ、災害を及ぼしますから。

「自分は悪いことをした」、そう言って悔恨の情を表明している。こういう悔恨の情を表明した帝王が、いままで人類の歴史においてあったでしょうか。帝王の頌徳碑《しょうとくひ》というものはどこの国にもございます。けれども、みんな戦いに勝った、領地を獲得したということばかりを褒《ほ》め称《たた》えているではないですか。ところが、アショーカ王は戦いに勝ったけれども、自分は悪いことをしたといって深く悔いているのです。

そうしてヨーナ人のあいだを除いては、これらのバラモンたちおよびシャモンたちの仲間の住していない地方は存在しない。また、いかなる地方においても人々がいずれか一つの宗教を信仰していないような地方は存在しない。ゆえにカリンガ国が領有されたときに人民の殺され、死に、移送された数のうちの百分の一でも、あるいは千分の一でも、それについて〈神々に愛された王〉はいま心に痛ましく感じるのである。

ヨーナ人とはギリシア人のことです。ギリシアのうちでも、イオニアの人が海路あちこち出かけて行きましたから、イオニア人がいちばんよく知られており、その古い名称をイヤオーナスといいました。それがインドに入って転訛《てんか》して、それでヤバナとかヨーナとか呼ばれたのです。ともかく、当時インドにはギリシア人がきていて、そこにはバラモンはいませんけれども、それ以外の地方にはバラモンやシャモンがいるわけです。人々を殺し、さらに尊い修行者、宗教家をも殺した、といって悔いているのです。そこからかれは、仏教の信仰へ入っていったのです。

そこで、たとえ他人がわたしに害を加えることがあろうとも、〈神々に愛された王〉にとって恕《ゆる》されるべきものと考えられるもので恕されうるものは、すべてこれを忍ぶべきである。

「忍ぶ」ということを、帝王が実践するというのですね。

そして――

ゆえに〈神々に愛された王〉の領土の中に存する林住族《りんじゅう》すら、〔この王は〕これを愛《あい》撫《ぶ》し反省させる。しかもかれらがみずから愧《は》じ、さらに刑殺《けいさつ》されないようにするために、たとえ〈神々に愛された王〉の悔根をきたそうとも、なお〔この王の〕有する権力についてかれらに知らせる。なんとなれば〈神々に愛された王〉は、一切の生きとし生けるものに対して、傷害をなさず、克己《こっき》あり、心が平静で柔和であることを願うからである。

「林住族」とは、原文ではアタヴィ(aṭavi)といい、特殊な少数民族で、未開とされていました。かれらについても、大切にし、導く。なかには、いろいろ紛争を起こしたり、反抗したり、攻めてきたり、平和を乱すものもいる。けれども、それについてもできるだけ罰することのないようにしたいというのです。

ここで、人間の持つべき基本的な徳が挙げられております。まず、傷害をなさない、人を傷つけない。そして、自分をみずから制する、己にうち勝つ。さらに、心が平静でカーッと怒ったりせず、柔和である。これは個人の生活においても尊ぶべきことですが、それが統治の場面においても実現されるようにしたいというのがアショーカ王の悲願でした。

法の勝利を求めて

アショーカ王は続けて、武力による勝利ではなくて、人間のほんとうの道筋を実行、実現すること、それが法による勝利であり、これがもっとも大切なことであると述べます。

さて〈神々に愛された王〉が思うに、法による勝利というものこそ最上の勝利であると考えられる。そうしてこの勝利は、ここ、すなわち〈神々に愛された王〉の領土においても、また六百ヨージャナ〔の距離〕にいたるまでのすべての辺境の人々のあいだにおいても――そこにはアンティヨーカという名のヨーナ人の王がいる。さらにそのアンティヨーカ王を越えたところに、トゥラマヤ王とアンティキニ王とマカー王とアリカスダラ王という名の四人の王がいる。南方にはチョーダ人たちとパンディヤ人たちとがいて、タンバパンニ人たちにいたるまで、そのように〔法による勝利を得ている〕。

アンティヨーカは、ギリシア名でいうとアンティオコスです。トゥラマヤはプトレマイオスです。それから、アンティキニ王・マカー王・アリカスダラ王と名前が挙がっていますが、このうちアリカスダラはアレキサンドロスを写したのでしょう。それからまた、インド大陸の南方のほうにはチョーダ人・パンディヤ人、さらにタンバパンニ人。このタンバパンニ人というのは、今日のスリランカに住んでいる人たちのことです。

ここ〔すなわちアショーカ王の〕領土においても、ヨーナ人、カンボージャ人のあいだにおいても、ナーバカ人、ナーバパンティ人のあいだにおいても、ボージャ人、ピティニキヤ人のあいだにおいても、アンドラ人、パーリンダ人のあいだにおいても、いたるところ、〈神々に愛された王〉〔アショーカ〕の法の教えさとしにしたがいつつある。

ここに挙げられているのは、現在のパキスタンからアフガニスタンのあいだに住んでいた人たちです。このなかでアンドラ人とあるのは、南インドの中央部にあるアンドラ州に住んでいた人たちのことでしょう。こういうような人たちのあいだでも、〈神々に愛された王〉、すなわちアショーカの教えにしたがっている。

さらに、〈神々に愛された王〉の使節のいまだおもむかないところにあっても、人々は、〈神々に愛された王〉の法の実行と規定と法の教えとを聞いて法に随順《ずいじゅん》しつつあり、また将来にも法に随順するであろう。

「法」ということばが頻繁に出てまいりますが、これはインドのことばで申しますとダルマ(dharma)で、仏法というときの「法」です。人間の守るべきもの、道筋です。これは「道徳」とも訳しうるし、「宗教」をも意味しうるのです。

インドならびにその周辺の国々では、西洋のレリジョン(religion)に相当することばがございません。そこで、西洋文明をとりいれたときには、「宗教」をダルマということばで表現しております。たとえば、キリスト教はクリスティダルマと呼んでいます。これはつまり、いかなるところでも、いかなる人々も守るべきところの道筋だという考え方からくるのです。その宗教の人以外では信じられない、というようなことを強制するのであってはならない。ほんとうの人間の理法、つまり理《ことわり》というものは遍《あまね》きものであるというわけです。だから、民族の差を超えて、ギリシア人のあいだでさえも実現さるべきだ、ということをかれは考えていたのです。

このようなことによって得られた勝利は、全面的な勝利である。そうして全面的な勝利は喜びの感情をひき起こす。いまや法による勝利において喜びが得られたのである。しかしその喜びも実は軽いものにすぎない。彼岸に関することこそ大いなる果報をもたらすものである、と〈神々に愛された王〉は考える。

正しい行ないを実践することによって、必ずよい結果が得られる。それは現世に実現されることもあれば、さらに目に見えないところに働きを及ぼすこともある。それをかれは、「彼岸に関することこそ大いなる果報」と呼んでいるのです。

そうしてこの法の詔勅は、このような目的のために、すなわち、願わくはわたしの諸皇子《しょおうじ》や諸皇孫《しょこうそん》が「新たな領土は勝ちとらなければならないものだ」とは考えることのないように、そうして彼らの自分の領国において恕しと刑罰の軽いことを喜ぶように、と〔願って〕、さらに法による勝利(征服)なるもののみが〔真の〕勝利であると考えるように、と〔願って〕、刻まれたのである。

のちの帝王たちが戦争でもやって、うんと領土を獲得してやろうなんてことを思わないように、また、ひとりでに他の国がなついてくるようになるのが望ましいが、その場合でも支配者はなお苦難に堪え忍ぶ。そうして刑罰は軽くする(仏教の広がったところでは、多かれ少なかれ、刑罰を軽くするという傾向が見られます)。法による勝利のみが真の勝利であるという、この精神がのちのちにまで伝えられ、実現されることを願って、ここでいま岩石に刻ませるというのです。

この法による勝利は、この世に関する〔果報をもたらし〕、またかなたの世に関する〔果報をもたらす〕のである。ひとの愛し楽しむことは、すべて、法を愛し楽しむことであれかし。それは実にこの世に関する〔果報をもたらし〕、またかの世に関する〔果報をもたらすもの〕であるからである。

ここには、非常に宗教的な心情が表明されておりますね。

病院と薬草栽培

アショーカ王のこうした崇高な心情から、具体的に人々を慈《いつく》しむ、人々のみならず、生きとし生けるものに愛情を及ぼすという政策が実行されるようになりました。人々のための病院のみならず、家畜のための病院をつくり、さらに薬草栽培をする。そういうことを行なったことが、岩石詔勅の第二章に説かれています。

〈神々に愛された温容ある王〉の領土のうちではいたるところに、またチョーダ人、パンディヤ人、サーティヤプタ王、ケーララプタ王、タンバパンニにいたるまで、アンティヤカと称せられるヨーナ王、およびそのアンティヤカ王に隣接している他の諸王の国内のいたるところに、〈神々に愛された温容ある王〉の二種の療病《りょうびょう》院《いん》が建てられた。すなわち、人々のための療病院と家畜のための療病院とである。

ここに挙げられていますのは、みな、南インドの氏族、あるいは王さまの名前です。タンバパンニはすでに申したように、スリランカの島のことです。厳密な意味ではアショーカ王の領土へ入っていなかったようでありますが、しかし、アショーカ王の支配の影響は多分に受けていたのです。

それにしても、このように、制度化して病院がつくられたということは、人類の歴史において画期的なことです。西洋で社会的な意味をもつ奉仕的な病院がつくられたのは非常に遅く、紀元五世紀ごろ、キリスト教教会の付属物として、人々のための病院がつくられたといわれます。つまり、それ以前にはなかった。キリスト教以前のギリシア・ローマの社会は奴隷経済制で、奴隷は物品と同じなのですから、奴隷が病気になったからといって、それを看病するなんてことはなかったのです。

そういう時代に、インドのアショーカ王が病院を建てて、あまねく人々の病気治療に役立てようとした。これはおそらく、人類の歴史において最初ではないでしょうか。貴族のための治療施設などはあったかもしれませんけれども、いかなる人々に対しても慈悲をおよぼすという精神で病院がつくられた、というのはアショーカ王が最初であると思います。

のみならず、家畜のための療病院もつくった。これも、インドではその後ずっとひとつの伝統となりました。のちに、中国から法顕三蔵《ほっけんさんぞう》(三三九?—四二〇?)とか玄奘三蔵《げんじょう》(六〇二—六六四)という巡礼僧がインドへ行って、旅行記を残しておりますが(法顕『仏国記《ぶっこくき》』、玄奘『大唐西域記《だいとうさいいきき》』)、そのなかに、人々のための病院ばかりじゃなくて獣のための病院があった、ということが記されております。

今日でも、獣のための病院というのがあります。たとえば、ヒマラヤの霊場であるリシケーシュというようなところには、役に立たなくなった牛を収容する病院があります。もう役に立たなくなったからといって、パッサリとやられてしまうのじゃなくて、牛はそこで平和な生涯を終えることができるのです。わたしはかつて小鳥の病院を訪ねたことがあります。デリーの真ん中に、レッドフォート(赤いお城)というのがありまして、訪れる人はみなそこを見学するのですが、その前にレッドテンプル(赤いお寺)というのがあります。これはジャイナ教(マハーヴィーラを開祖とし、仏教とほぼ時を同じくして興った宗教。不殺生の厳守を説く)の寺院ですが、そのなかに小鳥の病院というのがあり、現在でもございます。たとえば、小鳥が嘴《くちばし》を損なったというと、そこに入院させて外科手術をし、嘴を治してやる。中に入ってみましたら、実にたくさんの小鳥が囀《さえず》っていて、下は鳥のフンでいっぱいでした。こういう伝統はおそらく、アショーカ王の頃にはじまったのでしょう。

そうして、人々に効《きき》めがあり、獣に効があるいかなる薬草でもすべて、それの存在しない地方へはどこであろうとも、そこへそれらを輸送し栽培させた。また、樹の根や果実の存在しないところは、どこであろうとも、そこへそれらを輸送し栽培させた。また路《みち》の傍《かたわ》らには井戸を掘らせ、樹木を植えさせた。――それは家畜や人々が受用するためである。

インドは土地が荒れていて、樹木は少ないのです。だから、樹木を植えさせることがよけい意味をもつわけです。わが国では、聖徳太子以来、この精神が実現されております。

一切の宗教の存在意義を認める

アショーカ王みずからは仏教を信仰していました。しかし、この詔勅は仏教そのものを広めようとしたものではありません。それどころか、一切の宗教の存在意義を認めたのです。「すべての宗教の本質を増大するように」とかれはいい、それをめざしました。そのことが岩石詔勅の第一二章に説かれています。

〈神々に愛された温容ある王〉は、出家者と在家者との一切の宗教を施与《せよ》によって崇敬《すうけい》し、また種々の崇敬をもって崇敬する。

しかし〈神々に愛された王〉が思うに、すべての宗派の本質を増大させようとすることのように、かくもすぐれた施与または崇敬は〔他に〕存在しない。

〔すべての宗派の〕本質の増大は多種の方法によって起こるけれども、その根本となるものは、言語をつつしむこと、すなわち不適当な機会においてもっぱら自己の宗教を賞揚《しょうよう》し、または他の宗教を非難してはならないこと、あるいはそれぞれの機会において温和であるべきことである。そうであるからこそ〔各自は互いに〕それぞれのしかたによって他の宗教を尊敬すべきである。もしも〔互いに〕このようになすならば、みずからの宗教を増進させるとともに、他の宗教をも助けるのである。このようにしないときは、みずからの宗教を害《そこな》い、同時に他の宗教を害する。なんとなれば、まったくみずからの宗教に対する熱烈な信仰により、「願わくは自分の宗教を輝かそう」と念じて、みずからの宗教をのみ賞揚し、あるいは他の宗教を非難する者は、こうするために、かえっていっそう強くみずからの宗教を害うのである。ゆえにもっぱら互いに法を聴き合い、またそれを敬信《けいしん》するために〔すべて〕一致して和合することこそ善である。けだし〈神々に愛された王〉の希望することは、願わくはすべての宗教が博学で、その教義の善きものとなれかし、ということだからである。

それぞれの宗教を信じている人々には、次のように告げなければならない。〈神々に愛された王〉は思うのであるが、ひとえに一切の宗教の本質を増進させるほどの施与あるいは崇敬は〔世に〕存在しない。そうしてこのような目的のために、多くの教法大官、婦人管理大官、飼獣苑官《しじゅうえんかん》ならびに他の部局の人々が事をつかさどっているのである。こういうわけで、それの結果は、各自の宗教の栄えること、また法の輝くことである。

つまり、アショーカ王は仏教に基礎をおきつつも、万人に普遍・妥当する絶対の真実、すなわち人間の道を指し示そうというものでした。それを「法」、すなわちダルマとして表現したのです。

ちなみに、いまインドの紋章は、サールナート(鹿野苑《ろくやおん》)に建てられたアショーカ王の石柱上方の柱頭からとったものです。台座には法輪《ほうりん》が刻まれ、その上には背中合わせに坐る四頭のライオン像が示されていますが、この法輪は決して「仏教の法」を示すものではありません。宗派を超えた普遍的な「法」を意味しており、これは現代インドにいたるまで、政治理念として伝えられているのです。

一切の宗教の存在意義を認めるという、このアショーカ王の考えは、今後の世界の進みゆく方向づけとして、非常に重要な意義を持っているのではないでしょうか。

第11回

ギリシア思想との対決
──『ミリンダ王の問い』

仏立像　アマラーヴァティー出土，2〜3世紀，ハイデラバード博物館蔵．

『ミリンダ王の問い』の原名は『ミリンダパンハー』(*Milindapañhā*)または『ミリンダパンホ』(*Milindapañho*)である。スリランカでは一般に後者が用いられているといわれるが、前者が本来の題名であったと思われる。本書は、紀元前二世紀後半に西北インドを支配していたギリシア人国王ミリンダ Milinda(=メナンドロス王)が仏教僧ナーガセーナ Nāgasena に仏教教理について質問し、教えを受けるという対話形式で述べられている。パーリ文の本書に相当するものとして漢訳『那先比丘《なせんびく》経《きょう》』が伝わっている。「那先」はナーガセーナの音写。なお、『ミリンダ王の問い1〜3』(中村元・早島鏡正訳、東洋文庫、平凡社)に全訳がある。

今回は、「ギリシア思想との対決」という問題をとりあげます。ここでは、パーリ語で伝えられている『ミリンダ王の問い』という書物を主題にしてお話しします。

この書物に登場するのは、ギリシア人の王であるミリンダ王(メナンドロス王)と仏教の長老であるナーガセーナ。この二人の対談が、対話の形式で述べられているのですが、その内容が非常におもしろいのです。インド人同士でしたら何の疑問も抱かないようなあたりまえのことが、ギリシア人ミリンダ王の目から見ると、どうも奇妙で、おかしく、信じられない。それで、そこを衝《つ》いてくる。それに対して、仏教の修行僧であるナーガセーナが答える。つまりこれは、東西の思想交流、あるいは対決を示す非常に重要な古典なのです。

ガンダーラ美術という有名な仏教美術がありますが、それにはギリシア美術の影響が多分にみられますね。それと同じように、思想の面でも必ず何か影響があったにちがいない。多くの書物がもう消えてなくなっているとき、まことに貴重な記録と申せましょう。

なお、本書には、相当する漢訳として『那先比丘経《なせんびくきょう》』が伝えられていますが、「経」と申しましても、これはブッダに托して述べられていないものですから、「仏説」であることを標榜《ひょうぼう》していないので、厳密にいうと経典ではないのです。実際、スリランカあたりでは経典と認められていません。しかし、ミャンマー(ビルマ)では、経典としての扱いを受けております。

ミリンダ王の登場

アレキサンドロス大王がインドへ侵入したことは、東西の文化交流を開くための大きなきっかけになりました。そののち、インドにチャンドラグプタという大帝王があらわれて、ギリシア人の勢力を一掃し、マウリヤ王朝を建設します。こうしてインド史上初めて、インド全体を統一する空前の大国家がつくられました。続いて、紀元前三世紀頃、その孫のアショーカ王がさらに領土を広げて、マウリヤ王朝は全盛期を迎えます。仏教もこの頃、急速に広がります。これは前回でもふれました。

さて、アショーカ王の亡くなったあとでは、マウリヤ王朝はしだいに衰えて、紀元前一八〇年ごろ、プシャミトラという将軍に滅ぼされました。そうすると、インド全体はまた以前と同様に、分裂の状態に陥ります。勢力が弱まったところへつけ込んで、インドの西北の地方、現在のパキスタンの北部ですが、そのあたりから北インドにかけて、ギリシア人の諸王があいついで侵入してきました。そうして、いくつかの王朝を成立させたのです。

多数のギリシア人国王のあいだのつながり、系譜はよくわかりませんが、かれらはそれぞれ貨幣をつくって発行しました。また、碑文《ひぶん》にもかれらの名前が載せられていますので、それらを合わせますと、少なくとも四〇人以上の人々がパキスタンの北部、いわゆるガンダーラと呼ばれる地方から、さらにインドの北の地域にわたって、それぞれ王朝を確立して支配していたことがわかります。

これらの多くのギリシア人の王さまのなかで、もっとも有名なのがメナンドロス王です。このギリシア名を、パーリ語では訛《なま》って、ミリンダ王というのです。メナンドロス王は、もろもろのギリシア人の王のうちでも領土がもっとも広く、アフガニスタンから中部インドまでも支配した最有力の王でした。かれが発行した貨幣は今日でも多数残っており、そのなかには、はるかに海を越えて、イギリスのウェールズ地方で見つかったものさえもあります。その貨幣の表にはかれの肖像が刻せられ、ギリシア文字でかれの名前が記されております。その肖像は時期によって多少ちがっていますが、なかなか精悍《せいかん》な顔つきで、そして英知に輝く人物であったと思われます。

なお、その貨幣にはまた、ギリシアの神々の像が刻せられていることがあります。これは、メナンドロス王は、インドあるいはアフガニスタンにいながらも、公けにはギリシアの昔ながらの民族的な神々を奉じていた、そのことを示すのでしょう。しかし、内心では仏教を信じていたらしいこともうかがわれます。というのは、かれが奉納した旨を刻んだ舎利《しゃり》器が、近年発見されているからです。また、かれが亡くなったときに、インドの諸地方の八つの都市がかれの徳を慕うあまり、その遺骨をもらい受けて、それを祀《まつ》って、記念碑を建てたことが記されています。これは、ブッダの涅槃《ねはん》のときの伝説に倣《なら》ったものであろうと思われるのです。

さて、かれはパキスタン北部に首都を構えて支配しておりました。シャーカラというところでありますが、そこで仏教の長老であるナーガセーナという人と対談をいたします。その対談が、今日、南アジアの国々に伝えられている『ミリンダ王の問い』という書物なのです。

名前の問い――実体としての人格的個体の否認

その書き出しにいろいろ前世物語みたいなものが出ていますが、実際の対談は、ミリンダ王がナーガセーナ長老を訪ねて行ってそれで議論を開始する、というところからはじまります(第一編第一章)。

ときに、ミリンダ王は尊者《そんじゃ》ナーガセーナのいる所に近づいていった。近づいて、尊者ナーガセーナに会釈《えしゃく》し、親愛にみちた礼儀正しいことばを交わして一方に坐った。尊者ナーガセーナもまた答礼して、ミリンダ王の心を喜ばせた。

インドの古来の礼法といたしましては、宗教者が非常に尊ばれていますので、たとえ国王といえども、自分から訪ねて行く、そして礼儀正しい挨拶をしてから会話をはじめる、というものでした。ミリンダ王はギリシア人でありますが、インドの礼法に従って自分のほうから出て行って、うやうやしく挨拶をし、対談をはじめたわけです。

その挨拶に対して、出家修行者であるナーガセーナも同じように答礼をしたわけですね。そして、この王さまはこう問いかけます。

そこで、ミリンダ王は尊者ナーガセーナにこう言った、
「いかにして、あなたは尊師として〔世に〕知られているのですか？　尊者よ、あなたはなんという名なのですか？」

そうすると、ナーガセーナが答えました。

「大王よ、わたしはナーガセーナとして知られています。大王よ、同朋《どうほう》である修行者たちはわたしをナーガセーナと呼んでいます。また父母はナーガセーナとか、スーラセーナとか、ヴィーラセーナとか、或いはシーハセーナとかいう名をつけています。しかしながら、大王よ、この〈ナーガセーナ〉というのは、実は名称・呼称・仮名・通称・名前のみにすぎないのです。そこに人格的個体は認められないのであります」

「父母」は、原文では「母と父」となっています。何度も述べましたように、これはインドの習わしです。日本語としては「父母」がふつうなので、ここではそのように訳しました。

さて、問題はその次です。この「ナーガセーナ」は実はたんなる名前にすぎない、実体としての人格的個体は認められない、そうはっきり断言したのです。個人というものが実体として永久に存在するものではなく、個人存在というものはつねに移り変わっていくものであって、日本人によく知られている表現によると「無常《むじょう》」なるものであるということ、これが仏教説です。だから、ナーガセーナはこう断言したのですが、ギリシア人であるミリンダ王はびっくりしました。

「五百人のヨーナカ人(ギリシア人)諸君と八万の比丘《びく》はわが言を聞いてくれ。このナーガセーナはこう言ったぞ、『ここに人格的個体は認められない』と。それを信じ得るだろうか?」

「五百人」というのは、ある程度人数が多いことを示す呼称です。ヨーナカ人とはギリシア人のこと。それから「八万」というのは、非常に多い数をいうのです。

「ここに人格的個体は認められない」というのを信じ得るだろうかと、ミリンダ王は言うわけですが、ギリシアの哲学では魂というものをだいたい認めます。それにもとづいて個体があると考えている。だから、ナーガセーナの言うことはとんでもないことだと思うわけです。

そこでかれは、質問を発します。


「『大王よ、同朋である修行者たちはわたしをナーガセーナと呼んでいます』とあなたはいいました。その場合、『ナーガセーナ』と呼ばれるところのものは、いったい何ものですか？　尊者ナーガセーナよ、髪がナーガセーナなのですか？」

「大王よ、そうではありません」

「身毛がナーガセーナなのですか？」

「大王よ、そうではありません」

「爪がナーガセーナなのですか？」

「大王よ、そうではありません」

以下、身体の各部分について同様の質問・返答がくりかえされます。歯・皮膚・肉・筋・骨・骨髄・腎臓・心臓・肝臓・肋膜・脾臓・肺臓・腸・腸間膜・胃・糞・胆汁・痰・膿・血・汗・脂肪・涙・膏《あぶら》・唾・鼻汁・関節滑液・尿・頭脳など、こういうようなものをずっと挙げて、一つ一つ、このどれかがナーガセーナなのかと問う。そうすると、ナーガセーナは「いや、そうではありません」と返事するのです。臓器にいたるまで、ずいぶん細かく質問しておりますが、当時すでに、インド医学はある程度進歩しておりまして、解剖も行なわれておりました。死体を解剖して、こういう臓器があるということも、もう当時は知られていたのです。

しかし、そのどれもナーガセーナではないと言う。ミリンダ王は、こんどは少しく哲学的なことばを使って質問します。

「尊者よ、〔物質的な〕かたちがナーガセーナなのですか？」

「大王よ、そうではありません」

「感受作用がナーガセーナなのですか？」

「大王よ、そうではありません」

「表象作用がナーガセーナなのですか？」

「大王よ、そうではありません」

「形成作用がナーガセーナなのですか？」

「大王よ、そうではありません」

「識別作用がナーガセーナなのですか？」

「大王よ、そうではありません」


ここに物質的なかたち、感受作用、表象作用、形成作用、識別作用と五つ挙げられています。わたしはここで、現代的にわかりやすく訳してみましたが、これは漢訳の仏典で「五蘊《ごうん》」と呼ばれるものです。つまり、われわれの個人存在を構成している要素ですね。

「尊者よ、しからば、かたち・感受作用・表象作用・形成作用・識別作用〈の合したもの」がナーガセーナなのですか？」
「大王よ、そうではありません」
「尊者よ、しからば、かたち・感受作用・表象作用・形成作用・識別作用の外に、ナーガセーナがあるのですか？」
「大王よ、そうではありません」

ついにミリンダ王はこう言います。

「尊者よ、わたしはあなたに幾度も問うてみたのに、ナーガセーナを見出しえない。尊者よ、ナーガセーナとは実はことばのことにすぎないのですか？　しからば、そこに存するナーガセーナとは何ものなのですか？　尊者よ、あなたは『ナーガセーナは存在しない』といって、真実ならざる虚言《きょげん》を語ったのです」

ついにナーガセーナというものを見出せないミリンダ王からしてみれば、では、ナーガセーナというのはことばのことにすぎないのか、それならば、いまここに自分に

仏説法像　シャーリ＝バハロール出土，3～4世紀，ペシャワール博物館蔵.

面と向かっている相手のナーガセーナとは何ものなんだ、目の前にいるじゃないか。しかし、ナーガセーナというものは存在しないという、つまりナーガセーナという実体は存在しないという、これは嘘を言っているわけじゃないか――

そうすると、こんどはナーガセーナがミリンダ王に反問します。

「大王よ、あなたはクシャトリアの華奢《きやしや》な〔生まれ〕であり、はなはだ贅沢《ぜいたく》に育っておられる。大王よ、あなたが真昼どき熱い地面ややけた砂地のうえを、そしてごろごろした砂礫《されき》をふみつけて歩いてきたとすれば、足は痛むことでしょう。また、身体は疲労し心は乱れ、身体の苦痛感が生じるでしょう。いったいあなたは、歩いてやってきたのですか、それとも乗り物でですか？」

「尊者よ、わたしは歩いてやってきたのではありません。わたしは車でやってきたのです」

クシャトリアは王族・国王のことです。クシャトリアであるかれに、歩いてきたのかどうかを聞く。日本でも、地面を裸足《はだし》で歩くと、歩きつけない人は痛みます。ましてインドでは、昼間は猛烈に太陽が照りつけますから、だから痛いばかりじゃなくて熱いのです。熱さにも耐えられない。修行している修行者は裸足で歩くのに慣れていますけれども、華奢な育てかたをされた方はそうじゃないだろう、足が痛むだろう、というのです。そうするとミリンダ王は、「車でやってきた」と答えたわけですね。

その答えを聞いてナーガセーナは、車を構成する部分について、問いかけます。

「大王よ、もしもあなたが車でやってきたのであるなら、〔何が〕車であるかをわたしに告げてください。大王よ、轅《ながえ》が車なのですか？」

「尊者よ、そうではありません」

「軸が車なのですか？」

「尊者よ、そうではありません」

「輪が車なのですか？」

「尊者よ、そうではありません」

「車体が車なのですか？」

「尊者よ、そうではありません」

「車棒が車なのですか?」

「尊者よ、そうではありません」

「軛《くびき》が車なのですか?」

「尊者よ、そうではありません」

「輻《や》が車なのですか?」

「尊者よ、そうではありません」

「鞭《むち》が車なのですか?」

「尊者よ、そうではありません」

「しからば、大王よ、轅・軸・輪・車体・車棒・軛・輻・鞭〔の合したもの〕が車なのですか?」

「尊者よ、そうではありません」

たしかに、ただ寄せ集めただけでは車になりませんね。

「しからば、大王よ、轅・軸・輪・車体・車棒・軛・輻・鞭の外に車があるのですか？」

「尊者よ、そうではありません」

そこで、ナーガセーナ長老は言うのです。

「大王よ、わたしはあなたに幾度も問うてみましたが、車を見出しえませんでした。大王よ、車とはことばにすぎないのでしょうか？　しからば、そこに存する車は何ものなのですか？　大王よ、あなたは『車は存在しない』といって、真実ならざる虚言を語ったのです」

ほれごらんなさい、王さま。あなたは部分、部分についてそれは車じゃないと、そうおっしゃった。車とはことばにすぎないのですか？　じゃ、車がいないことになるけれども、そこにある車というのは何ですか？　そうすると、嘘を言ったことになりはしませんか——そう言ってやり込めたのです。

そこで、ミリンダ王は尊者ナーガセーナにこう言った、
「尊者ナーガセーナよ。わたしは虚言を語っているのではありません。轅に縁《よ》って、軸に縁って、輪に縁って、車体に縁って、車棒に縁って、〈車〉という名称・呼称・仮名・通称・名前が起こるのです」

つまり、部分部分がバラバラにあったり、ただ積み重ねただけでは、車にならないのですね。それぞれ適当な位置を占めて、相互に連結することによって、そこで仮に車という名前ができ上がる、つまり、縁って起こるということです。その「縁って起こる」ということを仏教では「縁起《えんぎ》」と申します。いろいろなものが寄り集まって個々の個物ができている、そういうわけです。

そうすると、ナーガセーナが申します。

「大王よ、あなたは車を正しく理解されました。大王よ、それと同様に、わたしにとっても、髪に縁って、身毛に縁って、〔中略〕脳に縁って、かたちに縁って、感受作用に縁って、表象作用に縁って、形成作用に縁って、識別作用に縁って

〈ナーガセーナ〉という名称・呼称・仮名・通称・単なる名が起こるのであります。しかしながら勝義《しょうぎ》においては、ここに人格的個体は存在しないのです」

つまり、身体の部分もあるし、さらに体のなかで働いている精神的ないろいろな作用もある。そういうものによって、ナーガセーナ個人という仮の名前がここに付けられているのだというわけです。けれども、「勝義においては」、すなわち究極の立場から見ると、ここに人格的な個体は存在しないのです。

そしてナーガセーナは、ヴァジラーという尼さんがブッダの前で唱えたという詩句を引用します。最初期の仏教の時代から、女性の尼さんは男子に伍《ご》して重要な位置を占めておりました。ここに見られるような哲学的論議をする人もいたのでしょう。

「大王よ、ヴァジラー比丘尼《びくに》が、尊き師〔ブッダ〕の面前でこの〔詩句〕を唱えました。

『たとえば、部分の集まりによって

〈車〉という言葉があるように、

そのように〔五つの〕構成要素の存在するとき、〈生けるもの〉という呼称がある』と」

いろいろな部分が集まって車ができる。それと同様に、われわれの存在の五つの構成要素、つまり、物質的なかたちと感受作用と表象作用と形成作用と識別作用、その五つの構成要素、すなわち「五蘊《ごうん》」が集まって、そうしてここに「生けるもの」と名づけられるものがあるというのです。これを漢訳の仏典では「衆生《しゅじょう》」と呼ぶこともありります。唐代以後の漢訳では「有情《うじょう》」と訳します。この「情」は「なさけ」というのじゃなくて、むしろ「心の働き」という意味です。「心の働きのあるもの」だから「生きもの」、人間のみならず、高等の動物はそこへふくめるのですが、そういうものはみな五つの働きが集まっている。

そうすると、大王が答えます。

「すばらしい、尊者ナーガセーナよ。立派です。〔わたしの〕質問はいとも見事に解答されました。もしもブッダがご在世《ざいせ》であるなら、賞讃のことばを与えられるでしょう。もっともです、もっともなことです、ナーガセーナよ。〔わたしの〕質問はいとも見事に解答されました」

ちなみに、この対談ではお釈迦さまのことを、ギリシア人の王、ミリンダ王はいつも「ブッダ」と呼びますが、長老のほうは「世尊《せそん》」「尊き師」ということばを使っています。同じお釈迦さまに言及するにしても、そこに若干、立場のちがいがあるわけです。

さて、こういう考え方によって「無我説《むがせつ》」を理解するということは、わたしたちの祖先のあいだでも行なわれていたことでして、昔の歌に「引き寄せて結べば柴《しば》の庵《いおり》となり解くればもとの野原なりけり」と申します。いろいろの木切れとか草とか、そういうものを集めてきて結ぶと柴の庵となる、けれども、解けてしまうとまたもとの野原である。われわれの身体はその柴の庵のようなもので、命がなくなるとわれわれの体もまたもとに帰る、というわけですから、ここに無我説の根拠を認めているのです。

無我説というのは、実体としての我がない、という意味で、自己を否定したのではありません。自己というものはことばではとらえられないものである。この五つの構成要素の外にあるものである。ただ、われわれが人間の理法、理《ことわり》にしたがって実践をする、そのなかにほんとうの自己があらわれる、こういうことを仏教では説く。この点はさらに、のちの大乗仏教で強調されます。

だから、仏教はたんなる虚無《きょむ》論ではございません。実体としての我はない、これはいつかは消えてなくなるものですから。けれども、その奥にある真実の自己というものは、人間の理、法を実現するものとして不滅の意義を有するというのが仏教の教えなのです。

対論を成立せしめる基盤

これからいろいろな議論を述べていくのですが、あらためて対論がはじまるまえに、次のような問答があります。

「尊者ナーガセーナよ、わたしとともに〔再び〕対論しましょう」と王は問う。

「大王よ、もしもあなたが賢者の論を以って対論なさるのであるならば、わたしはあなたと対論するでしょう。しかし、〔大王よ、〕もしもあなたが王者の論を以って対論なさるのであるならば、わたしはあなたと対論しないでしょう」

ミリンダ王は、ではこれから対論をしましょう、ディスカッションをやりましょうと言うわけですが、このときナーガセーナは、一本釘をさすのですね。王さまとして議論するのであるならば、わたしはあなたと対論しないときっぱり言うのです。そこで王は聞きます。では、「賢者はどのようにして対論するのですか?」と。

「尊者ナーガセーナよ、賢者はどのように対論するのでしょうか?」

「大王よ、賢者の対論においては解明がなされ、解説がなされ、批判がなされ、修正がなされ、区別がなされ、細かな区別がなされるけれども、賢者はそれによって怒ることがありません。大王よ、賢者は実にこのように対論するのです」

つまり反対説が出されたからといって、賢者は怒ることがない。じっと道理を考えて議論する。それが賢者の対論である。

ところが、王者の対論とはそうではない。

「大王よ、しかるに、実にもろもろの王者は対論において、一つの事のみを主張する。もしその事に従わないものがあるならば、『この者に罰《ばつ》を加えよ』といって、その者に対する処罰を命令する。大王よ、実にもろもろの王者はこのように対論するのです」

王者は、自分がこれだと決めたことばかり主張する。それに従わないと罰を加える。王者の対論とはこれだ。賢者の対論と王者の対論と、そのどっちなんですかというのです。

そうすると、ミリンダ王は答えざるをえない。

「尊者よ、わたしは賢者の論を以って対論しましょう。王者の論を以っては対論しますまい。尊者は安心し、うちとけて対論なさい。たとえば、尊者が比丘《びく》あるいは沙弥《しゃみ》あるいは在俗信者あるいは園丁《えんてい》と対論するように、安心してうちとけて対論なさい。恐れなさるな」

「大王よ、よろしい」といって、長老は同意した。

ここでいわれているのは、対論するときには、力をもって圧迫するようなことがあってはならない、どこまでも道理を追求すべきであるということですね。その精神がここにはっきり出ております。ちなみに、「比丘」は修行僧、「沙弥」はまだ一人前にならない見習いの修行僧、「園丁」は庭園をつくる人を意味しています。

ナーガセーナ長老は、あなたがそういう態度で議論なさるのならば、対論をはじめましょうと答え、ここからいろいろなことが論ぜられてまいります。

究極の理想の境地——涅槃は完全な無か?

そのなかに、「涅槃《ねはん》に入る」とはいったいどういうことなのか、という論議がありますす(第一編第四章)。

「尊者ナーガセーナよ、涅槃とは止滅《しめつ》のことなのですか？」と王は問う。

「大王よ、そうです。涅槃とは止滅のことです」

「尊者ナーガセーナよ、どうして涅槃が止滅なのですか？」

「大王よ、すべての愚かなる凡夫《ぼんぷ》は、内外の〔六つの〕領域を歓喜《かんぎ》し、歓迎し、執著《しゅうじゃく》しています。かれらはその流れによって運び去られて、生まれ・老い死ぬこと・憂《うれ》い・悲しみ・苦痛・悩み・悶《もだ》えから解脱《げだつ》せず、苦しみから解脱していないと、わたしは語るのです。大王よ、教えを聞いた聖なる弟子は、内外の〔六つの〕領域を歓喜せず、歓迎せず、執著していません。かれが歓喜せず、歓迎せず、執著していないときには、かれには愛執《あいしゅう》が滅び、愛執が滅びるがゆえに執著が滅び、執著が滅びるがゆえに生存一般が滅び、生存一般が滅びるがゆえに生まれが滅び、生まれが滅びるがゆえに老い死ぬこと・憂い・悲しみ・苦痛・悩み・悶えが滅びる。このようにして、この全き苦の集まりが滅びるのである。大王よ、こういうわけで涅槃とは止滅のことなのです」

「もっともです、尊者ナーガセーナよ」

そこにおいてはあらゆるものがとどまり、働きが滅するといわれているが、結論を申しますと、われわれの奥に執著がある、その執著が滅びることによって迷いの生存がなくなる、こういうふうにして涅槃が実現されるということを言うのです。

すべての人は涅槃を得るか？

そうするとミリンダ王は、すべての人が涅槃、ニルヴァーナを得ることができるのか、という問いを発します。


「尊者ナーガセーナよ、すべての人が涅槃を得るのですか？」と王は問う。

「大王よ、すべての人が涅槃を得るのではありません。しかしながら、大王よ、正しく道を行ない、熟知すべき法を熟知し、完全に知るべき法を完全に知り、断ずべき法を断じ、修すべき法を修し、現証《げんしょう》すべき法を現証する人は、涅槃を得るのです」

「もっともです、尊者ナーガセーナよ」

ここでいう「法」とは、人間のあり方のことです。「断ずべき法を断じ」というのは、人間のあり方のうちには好ましくないものもありますから、断ずべきものは断じて、なくしてしまう。「現証すべき法を現証する」とは、つまり、さとるべきあり方をさとるということですね。ここでは、もし真剣に仏道の実践をするならば、いかなる人でも救われる、救われないはずの人というものはいないという、その根本的な立場がここに表明されているのです。

涅槃の安楽をいかに知るか?

そのうえでミリンダ王は、さらに鋭く衝《つ》いてきます。

「尊者ナーガセーナよ、まだ涅槃を得ていない者が、『涅槃は安楽である』ということを知っているでしょうか?」と王は問う。

その涅槃の究極の境地、それが安楽なものであって願わしいものであるとどうしてわかるのか、というのです。

そうすると、ナーガセーナは答えます。

「大王よ、そうです。まだ涅槃を得ていない者が『涅槃は安楽である』ということを知っているのです」

王はこれに納得しません。ふたたび問います。

「尊者ナーガセーナよ、どうして、まだ涅槃を得ていない者が、『涅槃は安楽である』ということを知っているのですか?」

自分はまだ究極の境地に達していないのに、涅槃が安楽であるということを、どうして知ることができるのかと、反問したわけですね。そうすると、ナーガセーナ長老は逆に王に問いかけます。

「大王よ、あなたはどうお考えになりますか？　手足をまだ切断されたことのない人々が、『手足を切断することは苦である』ということを知っているでしょうか？」

「尊者よ、そうです。かれらは知っているでしょう」

「どうして知っているのですか？」

「尊者よ、他人が手足を切断されたときの悲痛な声を聞いて、『手足を切断されることは苦である』ということを知るのです」

そこで長老は申しました。

「大王よ、それと同様に、〔まだ涅槃を得ない人々でも〕涅槃を体得した人々の声を聞いて、『涅槃は安楽である』ということを知るのです」

「もっともです、尊者ナーガセーナよ」

つまり、その境地に達していなくても、心の落ち着いた清々《すがすが》しい境地に達した人に会えば、おのずから、「ああ、あの人の心境はまことに慕わしいものだな」とわたしどもでも思いますね。それによって、その究極の境地が願わしいものであるということを知ることができるというのです。

念仏による救い

この書物では、さらにいろいろ興味深いことが論議されていますが、われわれ日本人にとってとくに興味のあることの一つに、念仏《ねんぶつ》のことがあります。念仏によって救われるというのはどうしてか、という問いが出されているのです(第一編第七章)。

「尊者ナーガセーナよ、あなたがたはこのようにいわれます。――『たとい百年間も悪を行なっても、臨終《りんじゅう》にひとたび仏を念ずることを得たならば、その人は天上に生ずることができるであろう』と。わたしはこのことを信じません。また、あなたがたはこのようにいわれます。――『ひとたび殺生《せっしょう》を行なっても地獄に生まれるであろう』と。わたしはこのこともまた信じません」

これに対して、ナーガセーナは次のように反問し、説明します。


「大王よ、あなたはどうお考えになりますか？　小さい石でも船なくして水の上に浮かぶでしょうか？」

「尊者よ、そうではありません」

「大王よ、百の車に積むほどの石くずでも、船に載《の》せられたならば、水の上に浮かぶでしょうか？」

「尊者よ、そうです。水の上に浮かぶでしょう」

「大王よ、善業《ぜんごう》はあたかも船のごとく見なさるべきであります」

「もっともです、尊者ナーガセーナよ」


石を水のなかに投げ込むと、その石は沈むでしょう、けれども、石を船の上にのせてごらんなさい。そうすると、石は浮かぶじゃありませんか。大きな牛でも船に乗せられると水の上に浮かぶ。それと同じように、念仏の行ないというものは功徳《くどく》のあるものである、不思議な力をもっている、だから過去に悪を行なった人でも、仏さまを念ずるというその行ないによって人は救われるのです。

この議論はまだ続くのですが、ナーガセーナは、善行の力、善い行ないの力というものは、悪行、悪い行ないよりも力が強い、優れている、そう考えておりました。ここにインド人の楽観的な見解が認められるのです。

悪人というものはたしかにいる、それは認めますけれども、しかし、どんな悪人でも、やがて救われる可能性がある、それを救ってくださるのが仏さまのお慈悲《じひ》であると、そう考えておりまして、そういう見解がここにも反映しているのです。

解説

前田専學

本書で扱われている仏典

本書には、中村元先生の仏典講義の第6回から第11回までが収録されています。扱われている仏典は、パーリ語による初期仏典の中の『ダンマパダ』(漢訳『法句経《ほっくぎょう》』)『テーラガーター』『テーリーガーター』『シンガーラへの教え』、それに仏教王として名高いアショーカ王の「岩石詔勅《がんせきしょうちょく》」とギリシア思想との対決として注目される『ミリンダ王の問い』です。

「簡潔な風格」に満ちた経典

このなかでとくに有名なのは、『ダンマパダ』でしょう。これは第一巻で取り上げられた『スッタニパータ』と並んで、現存する最古の経典とされており、簡潔な詩句で人間そのものへの鋭い洞察が表現されています。ダンマとは人間の真理という意味で、パダはことばを意味します。そのために、しばしば「真理のことば」と訳されます。

中村先生は、『ダンマパダ』の翻訳にあたって（『ブッダの真理のことば　感興のことば』岩波文庫）、新しい訳を試みる理由について、「あとがき」にこう記されました。

（1）『ダンマパダ』の原文は極めて簡単明瞭である。その簡潔な風格を邦語に表現したいと思った。

（2）南アジア諸国の人々は、この『ダンマパダ』の文章を唱えるが、それを聞いた人々は聞いただけで解るのである。だから、この邦訳も、耳で聞いただけでも解るような文章に訳出したつもりである。

わたくしが先年『スッタニパータ』を岩波文庫で邦訳したときに、その訳文が聖典としての荘重《そうちょう》さが無い、という批評があった。しかし「聖典としての荘重さ」なるものは漢訳を用いたシナ・日本において教団としての権威が確立したのちに必要となったものであり、インドや南アジア諸国ではそれをめざしていなかった。ただ人間の真理を端的《たんてき》に述べていただけである。だから、わたくしはこの書の原意を表現することにつとめたつもりである。

ここで指摘されているとおり、『ダンマパダ』はまさに「簡潔な風格」に満ちた経典であり、智慧《ちえ》のことばの宝庫として尊重されてきた聖典でした。これは主として、出家修行僧のために説かれたものですが、一部、世俗人への教えも含まれています。

出家修行者の告白

次の『テーラガーター』『テーリーガーター』は、それぞれ、教団の長老である僧・尼僧の告白です。第一巻の解説でもふれましたように、ブッダはサールナート(鹿野苑《ろくやおん》)で五人の修行者に対して初めて説法を行ない、ここに仏教教団が成立しました。その後、ブッダの徳を慕って人々が集まり、しだいに大きな集団となっていきます。ここには出家修行者と在俗信者の両方がありましたが、中心となったのは出家修行者です。この二つの経典は、かれらはどのような出自の人たちであり、また、いかにして帰依《きえ》したのかを伝える貴重な証言です。この両書は、どちらもパーリ語のみで伝えられ、全体としての漢訳もチベット訳なども存在しません。

中村先生は『テーラガーター』の翻訳である『仏弟子の告白』(岩波文庫)の「あとが

き」に、姉妹編である『テーリーガーター』(『尼僧の告白』岩波文庫)とあわせ、こう書かれています。

仏教が興起《こうき》したときに、悩みをもった人々、不運な人々、虐《しいた》げられた人々が、ゴータマ・ブッダ(釈尊《しゃくそん》)のまわりに期せずして集まって、やがてなかまが成立するようになった。かれらは「仏弟子」と呼ばれている。かれらの一人一人がそれぞれの運命をにない、異なった感情をいだいていた。その一人一人の告白が詩として後代に伝えられた。そうして、それらがここに詩句集として集成されているのである。個々の修行僧・尼僧の精神的な煩悶《はんもん》、救いを得たいという熱烈な希望と、その努力の挫折《ざせつ》、ついにブッダの教えに帰依して心の安住を得た喜び、――その心理的な紆余曲折《うよきょくせつ》ある過程と、ついに安らぎに達して得られた生活の転換が、ここでは生き生きと表明され、叙述されている。〈告白〉の書としては、数多くの仏典のうちでも、これほど痛烈に心をえぐり、これほど深く感銘を刻みつける書は、またと無いであろう。

まさにそのとおりであると思います。

なお、尼僧の教団の出現は、世界の思想史においても驚くべきことであったということに、注意しておかなければならないでしょう。当時、地球上のどの地域においても、尼僧の教団は存在していなかったのです。言い伝えによれば、最初の尼僧は母親がわりにブッダを育てた叔母、マハー・パジャーパティー(漢訳名「大愛道」)とされています。最初、出家の願いを聞いたブッダは躊躇《ちゅうちょ》しますが、高弟アーナンダ(「阿難《あなん》陀《だ》」)の斡旋《あっせん》で許可され、これを機縁に尼僧教団が成立したといわれています。いずれにせよ、世界史上、尼僧教団は仏教がはじめてつくりだしたものでした。

世俗の人たちへの教え

これに対して、『シンガーラへの教え』(『長部経典《ちょうぶきょうてん》』第三一経)は在俗信者への教えとして重要なものです。この経典は、南方仏教ではいまも重んじられております。中国でも尊重されたようで、『六方礼経《ろっぽうらいきょう》』『善生経《ぜんしょうきょう》』など、これに相当する漢訳が若干《じゃっかん》伝えられています。

ブッダのもとに集まっていた人たち、つまり、仏教教団を構成する男性・女性の出家修行僧と男性・女性の在俗信者を総称して「四衆《ししゅ》」と呼びます。男性の在俗信者はウパーサカ(upāsaka 優婆塞《うばそく》)、女性の在俗信者はウパーシカー(upāsikā 優婆夷《うばい》)と称されますが、これは「かしずく人」を意味し、出家修行者に対して物質的・経済的な援助をする一方、かしずいて教えを聞いて、みずからの修養につとめるというものでした。

では、ブッダはそうした在俗信者、世俗にある人たちに対して、どう説いたのか。人として守るべき法や倫理をどう教え、どう導いたのか。それをうかがううえで、この『シンガーラへの教え』は実に重要な経典であり、その一典型と申せましょう。『シンガーラへの教え』でブッダは六つの方角を拝むことの意味を教えますが、これは父親の遺言を守らせながら、その儀礼に新しい意味、あるいは忘れ去られている意味を与えて、より高い境地に導こうとしたのでした。このような、相手の立場・能力などを十分考慮して説くことを、仏教では「対機説法《たいきせっぽう》」といいます。これはブッダの教化の仕方の特徴です。

この経典では、全般的には、〔一〕殺生《せっしょう》をしない(不殺生《ふせっしょう》)、〔二〕盗みをしない(不偸盗《ふちゅうとう》)、〔三〕邪《よこしま》なことをしない(不邪淫《ふじゃいん》)、〔四〕虚言《きょげん》をしない(不妄語《ふもうご》)、〔五〕酒の類を飲まない(不飲酒《ふおんじゅ》)の在俗信者の守るべき「五戒」に沿って述べられていると思われますが、個々に、日常生活の指針・規範として、興味深いものが多々あります。

アショーカ王の政治理想

これに続く、アショーカ王の「岩石詔勅《がんせきしょうちょく》」は、じつは仏典ではありません。アショーカ王(紀元前二六八〜二三二年ころ在位)がその詔勅によって述べようとした法は、人間が守るべき普遍的な法であり、一宗教の教義を越えたものでした。しかしかれは熱烈な仏教徒であり、その詔勅の根底にはかれが帰依した仏教の法があったと思われるところから、中村先生は仏典に準ずるものとして採用されたのであろうと思われます。王は、その子マヒンダをスリランカに派遣したといわれ、それ以後スリランカは南方仏教の一大中心地となって今日にいたっています。

アショーカ王の詔勅の特徴は、まず第一に、悲惨な戦争に対する痛切な悔恨《かいこん》から仏教に帰依し、武力による征服ではなく、「法」による征服を願ったことです。それがいかに希有《けう》で偉大なことであるかは、本書のなかで中村先生が語っておられるとおりです。

そして、いまひとつの大きな特徴は、かれが深く仏教に帰依した仏教王であるにもかかわらず、仏教を押しつけるのではなく、それぞれの宗教が真価を発揮するよう求めていることです。

ブッダの教えには、「筏《いかだ》の譬喩《ひゆ》」といわれるものがあります。これは、「法」とは、危険で恐ろしいこちらの岸から安穏《あんのん》な向こう岸に渡るための筏のごときものにすぎない。そして、向こう岸に渡ったならば、筏はもはや無用であり、肩に担いだりして進む必要はなく、執著しないで捨てていい、というものです。つまり、ブッダは、法によるべきことを勧めるのですが、教義として押しつけるわけではない。法は普遍的ではあるけれども、固定的で動かないというものではなく、現実への現われ方は時と場所によって違っていて、生きている人間に即して展開するのだというのです。

これは仏教の大きな特徴です。このように、真理を観る立場にたつと、既成のどの宗教にも固執することがなくなるわけです。どの宗教、どの宗派に属していようと、結局は、究極の目的である真理に到達すればよいというわけですから。

諸宗教に対するアショーカ王のこの態度は、まさに「筏の譬喩」のとおりで、その精神にのっとっているといっていいでしょう。アショーカ王はその意味でも、深く仏教を理解していたといえますし、宗教の名の下に争いが絶えない今日においても、人類に対して進むべき指針を与えていると思います。

このアショーカ王の時代に、仏教が発展・興隆し、第三回結集《けつじゅう》という仏典編纂《へんさん》事業が行なわれました。いまに伝わる仏典のうち、アショーカ王時代に編纂されたと推定されるものは数多くあります。

ギリシア思想との対決

ギリシア思想との対決として知られる『ミリンダ王の問い』は特異な書です。ミリンダ王(メナンドロス王)は、単なる国王ではなく、ギリシア思想の蓄積豊かな哲人だったと考えられています。現存するインドの文献にその名が伝えられている唯一のギリシア系国王であるとともに、後世のインド思想に影響を与えた唯一の王でもあります。そのミリンダ王と高僧ナーガセーナとの対論がこの『ミリンダ王の問い』で、実在した世俗人と仏教僧の対談が書物のかたちで残されたものとしては、ほかにほとんど例がありません。

さて、ミリンダ王が論戦を好んだことは次のような叙述にあらわれています。

サーガラという都市があった。そこではミリンダという王が統治していた。かれは形而上学的論議によって質問を発し、比丘《びく》のサンガ(仏教教団)を悩ましていた。

また、別のところでは、次のように、かれの論客ぶり、また、智勇兼備ぶりが言われます。

かれは論客として近づき難く、打ち勝ち難く、種々なる祖師のうちで最上者であると言われる。全インドのうちに、体力・敏捷《びんしょう》・武勇・智慧に関して、ミリンダ王に等しいいかなる人もなかった。かれは富裕であって、大いに富み、大いに栄え、無数の兵力と車乗があった。

このミリンダ王が、おそらくは当時最高級の仏教学者であった高僧ナーガセーナに論戦を挑んだわけで、実に興味深い内容になっています。

そして、その対論の結果、ミリンダ王は仏教に帰依したと伝えられます。インドにいたギリシア人が仏教に帰依したというのは、すでにアショーカ王時代にあったことらしく、その証拠も出てきています。しかし、ミリンダ王が本当に帰依したかどうか、それには疑問もあります。中村先生は、ミリンダ王は公けにはギリシアの神々を信奉していて、仏教を信奉した形跡は認められない。しかし、個人として、内心ではある時期から仏教に帰依したとみていいのではないか、と考えておられます。

いずれにせよ、この『ミリンダ王の問い』は、仏教とギリシア思想の対決あるいは交流という意味で、貴重な位置を占める書といえましょう。

人間の真理を説く

四つの聖なる真理

『ダンマパダ』をはじめとして、パーリ語仏典は、人間の真理を端的に述べるものが中心です。もともと、ブッダは論理一貫した哲学体系を教えようとしたのではありません。人間が現実の苦しみから自由になり、悟りの境地にいたるための道を教えようとしたのです。

現実の人間の姿を深くつきつめていくと、そこに一定の理法が見出されます。その理法をブッダはダルマ（パーリ語ではダンマ）――ダルマといえば、外国語のようによそよそしく聞こえますが、じつはあの選挙のときにも活躍する張りぼての「だるま」として日本語になっているのです――と呼びました。これは「保つもの」とくに「人間の行為を保つもの」を意味する、つまり「行為の規範」です。具体的には、慣例・習慣・義務・法律などをはじめ、その規範がめざす善・徳も意味しますし、またそのような方向に人間を保たせる絶対者・真理をも含みます。これほど多義的で、重要なことばはほかになく、漢訳では「法」と訳されました。

この「法」は、前に述べましたように、さまざまなかたちであらわれますが、「法」のめざすものは、何より、現実の苦しみから自由になり、悟りの境地にいたらしめる道でした。そこで、仏典で強調される教えとして、「苦」をめぐる四つの真理があるのです。仏教で四聖諦《ししょうたい》（四諦《したい》）といわれるもので、それは次のようなものです（『ダンマパダ』では、第二七三の詩に「もろもろの真理のうちでは〈四つの句〉（＝四諦）が最もすぐれている」と表現されています）。

「苦聖諦《くしょうたい》」――苦しみという聖なる真理
「苦集聖諦《くしゅうしょうたい》」――苦しみを引き起こす原因という聖なる真理
「苦滅聖諦《くめつしょうたい》」――苦しみの止滅《しめつ》という聖なる真理
「苦滅道聖諦《くめつどうしょうたい》」――苦しみの止滅にいたる道という聖なる真理

生・老・病・死を「四苦《しく》」といいますが、これは単に生理的苦痛をいうのではありません。また単に日常的不安とか苦悩というものとも違います。それらをも含んだもっと広い意味をもっているように思います。

人間は、自分の意思で生まれてきたわけでもなければ、自分の思い通りに生まれることもできません。また生まれてしまえば、老・病・死から自由になることもできません。自分自身の問題でありながら、どうあがいてみても、自分の思い通りにならないわけです。この、自分の思い通りにはならないこと、これを仏教では「苦」というのです。

それを克服する道がつまり、四聖諦(四諦)です。「苦」をなくそうとして、苦を引き起こしている原因を追究していくと、結局、人間のもっている根源的な欲求・妄《もう》執《しゅう》に行き着きます。病気になったとき、その病気の原因が分かれば、その原因をなくすることによって病気が治るように、苦の原因である根源的な欲求・妄執を止滅すれば、苦からの自由、すなわち解脱《げだつ》・涅槃《ねはん》に達することができるというのです。ただ、漢訳で「止滅」とされたために、まったく何もなくなってしまうというニュアンスが強くなってしまいましたが、パーリ語の原語〈ニローダ〉(nirodha)は「〔感覚器官を〕制しておさめる」「制止する」といった意味です。つまりコントロールすることです。

法を生きるということ

ちなみに、『ダンマパダ』には、「七仏通戒偈《しちぶつつうかいげ》」といわれる、とくに有名な詩句があります。

すべて悪しきことをなさず、
善きことを行ない、
自己の心を浄めること、――
これが諸々の仏の教えである。

この詩句は過去の偉大な七仏が共通に戒《いまし》めとしたとされ、現在も広く読誦《どくじゅ》されているものです。これは漢訳『大般涅槃経《だいはつねはんぎょう》』では、次のようになります(梵行品《ぼんぎょうほん》)。

諸悪莫作《しょあくまくさ》　諸悪を作《な》すことなく
衆善奉行《しゅぜんぶぎょう》　衆善を奉行し
自浄其意《じじょうごい》　自ら其の意を浄める
是諸仏教《ぜしょぶつきょう》　是れ諸仏の教えなり

これは「法」が規範であり、「法」を生きるということを簡潔に示した詩句といえるでしょう。このように常に法に即して自ら意《こころ》を浄めていく、欲求・妄執を鎮《しず》めていく、コントロールしていく、そこに悟りがあるのです。仏教には膨大な数と量の経典がありますが、結局、この一つの詩に帰着するとさえいわれています。

〈仏典をよむ〉
岩波現代文庫版刊行によせて

平成七年に人文科学を除外する『科学技術基本法』が制定されて以来、文部科学省は、徐々に人文・社会科学をないがしろにして、科学技術にかかわる即効性のある自然科学を振興する方向へと向かい、しだいにその傾向を強めているように思われ、良識ある人々は心を痛めている。

確かに近年の科学技術の進歩はまさに驚異的である。すでに物質の設計図を手に入れた人類は地球上のすべての生物を破滅させる事のできる原子爆弾を作り出した。それと同時に、人類の幸福のためにと発展させてきた科学技術のために、知らず知らずのうちに、自然環境は破壊され、どう処分したらよいか分からない危険な放射性廃棄物が蓄積し、地球は温暖化し、地球上のあらゆる生物を破滅の淵に追い込んでしまっている。その上に人類は、生命の設計図のみならず、近年ではそれを意のままに操作できるゲノム編集技術までも手に入れ、いまやそれが乱用される危険性が懸念されている。

他方、文明の発達により、いまや地球はグローバル化し、一つの国家のようになった観があるが、この多文化、多言語、多宗教の多民族がひしめき合う弱肉強食の地球から逃れたくても、現在の段階では、他の惑星に逃げていくわけにはいかない。このような時に、われわれは如何に生きるべきか、という問題に突き当たる。しかしこれまで頼みの綱であった科学技術は答えてくれない。このような時に頼るべきは思想や哲学や宗教などの人文・社会の諸科学ではないだろうか。

このたびシリーズ〈仏典をよむ〉全四巻が岩波現代文庫に収録されることになり、再び新しく手に取りやすい形で、中村元先生の、ＮＨＫラジオで放送された定評のある、やさしくて的確な名講義を活字で読者の皆様にお届けできるようになったことは、時宜《じぎ》にかなった企画ではないかと思う。

中村先生は、「人生に関する指針を仏教に得ようとしても、仏教の経典を、すべてにわたり片端から通読することは容易ではないから、重要な教えだけでも知りたいという希望をよく耳に」された。その読者の希望をかなえるために、テレビで「インドの思想と文化」という連続講義をされたばかりではなく、ラジオでも一九八五年四月から九月まで、『こころをよむ／仏典』（日本放送出版協会、一九八六）をテキストとして、「こころをよむ／仏典」という連続講義を行なわれた。これは再放送を求める視聴者の声が高かったせいであろうか、この連続講義は編集され、NHKサービスセンターから『NHKこころをよむ／仏典』として全一三巻のカセットとして、テキストと共に販売された。

今回岩波現代文庫に収録された〈仏典をよむ〉全四巻は、小生の監修のもとに、前述の連続講義を活字化し、全講義を内容にしたがって四分割し、第一巻『ブッダの生涯』、第二巻『真理のことば』、第三〜四巻『大乗の教え』上・下として、各巻に小生の解説を付し、二〇〇一年に三月〜九月にかけて出版されたものである。今回出版されるにあたっては、誤植の訂正と研究の進展にしたがって直すべき記述の訂正など若干の変更を加えた。

中村先生は、一九九九年一〇月一〇日満八六歳で亡くなられた。本書はその先生の連続講義を活字化したからであろうか、読んでいるうちに、今なおあたかも亡くなられた先生の講義に出席して直接講義をお聴きしているかのような錯覚にとらわれることがある。幸い思いがけず多くの読者の方々に好評をもって迎えられた。東方学院の講義にも仏教入門のテキストとして使用している。この連続講義だけで重要な原始仏典についても大乗仏典についても充分なご理解が得られるものと思うが、さらに進んで私どもの日常接している大乗仏典を学びたいと思われる読者には、中村先生の『現代語訳大乗仏典』(東京書籍、二〇〇三)をお薦めする。

最後に、現代文庫化にご快諾いただいた中村先生のご息女三木純子様をはじめご遺族の方々に謝意を表す。また十数年前にこの〈仏典をよむ〉全四巻の活字化に尽力された岩波書店の井上一夫氏と古川義子氏、並びにこのたびその現代文庫化を実現された中西沢子氏に厚く御礼を述べたいと思う。

二〇一七年八月一日

東方学院長　前田專學

本書は二〇〇一年五月、岩波書店よりシリーズ
〈仏典をよむ〉の第二巻として刊行された。

〈仏典をよむ〉2
真理のことば

2018年2月16日　第1刷発行

著　者　中《なか》村《むら》　元《はじめ》

監修者　前《まえ》田《だ》專學《せんがく》

発行者　岡本　厚

発行所　株式会社　岩波書店
〒101-8002 東京都千代田区一ツ橋 2-5-5

案内 03-5210-4000　営業部 03-5210-4111
現代文庫編集部 03-5210-4136
http://www.iwanami.co.jp/

印刷・精興社　製本・中永製本

ISBN 978-4-00-600374-6　Printed in Japan

岩波現代文庫の発足に際して

新しい世紀が目前に迫っている。しかし二〇世紀は、戦争、貧困、差別と抑圧、民族間の憎悪等に対して本質的な解決策を見いだすことができなかったばかりか、文明の名による自然破壊は人類の存続を脅かすまでに拡大した。一方、第二次大戦後より半世紀余の間、ひたすら追い求めてきた物質的豊かさが必ずしも真の幸福に直結せず、むしろ社会のありかたを歪め、人間精神の荒廃をもたらすという逆説を、われわれは人類史上はじめて痛切に体験した。

それゆえ先人たちが第二次世界大戦後の諸問題といかに取り組み、思考し、解決を模索したかの軌跡を読みとくことは、今日の緊急の課題であるにとどまらず、将来にわたって必須の知的営為となるはずである。幸いわれわれの前には、この時代の様ざまな葛藤から生まれた、人文、社会、自然諸科学をはじめ、文学作品、ヒューマン・ドキュメントにいたる広範な分野のすぐれた成果の蓄積が存在する。

岩波現代文庫は、これらの学問的、文芸的な達成を、日本人の思索に切実な影響を与えた諸外国の著作とともに、厳選して収録し、次代に手渡していこうという目的をもって発刊される。いまや、次々に生起する大小の悲喜劇に対してわれわれは傍観者であることは許されない。一人ひとりが生活と思想を再構築すべき時である。

岩波現代文庫は、戦後日本人の知的自叙伝ともいうべき書物群であり、現状に甘んずることなく困難な事態に正対して、持続的に思考し、未来を拓こうとする同時代人の糧となるであろう。

（二〇〇〇年一月）